# EN LA BÚSQUEDA DE LA FELICIDAD

COLECCIÓN FÉLIX VARELA # 27

EDICIONES UNIVERSAL, Miami, Florida, 2006

Ernesto Fernández-Travieso, S.J.

# EN LA BÚSQUEDA DE LA FELICIDAD

Copyright © 2005 by Ernesto Fernández-Travieso

Primera edición, 2005924340
Segunda edición (revisada y ampliada), 2006

EDICIONES UNIVERSAL
P.O. Box 450353 (Shenandoah Station)
Miami, FL 33245-0353. USA
Tel: (305) 642-3234 Fax: (305) 642-7978
e-mail: ediciones@ediciones.com
http://www.ediciones.com

Library of Congress Catalog Card Nº.: 2005924340
I.S.B.N. primera edición: 1-59388-048-0
I.S.B.N. segunda edición: 1-59388-091-X
EAN / segunda edición: 978-1-59388-091-0

Diseño de la cubierta: Luis García Fresquet

Escultura en la portada: «Free Fall», Robert Cook, Roma
Ilustraciones interiores: Esculturas de Robert Cook
www.robertcook.org

Foto del autor en la contraportada:
Don Doll, S.J.

Todos los derechos
son reservados. Ninguna parte de
este libro puede ser reproducida o transmitida
en ninguna forma o por ningún medio electrónico o mecánico,
incluyendo fotocopiadoras, grabadoras o sistemas computarizados,
sin el permiso por escrito del autor, excepto en el caso de
breves citas incorporadas en artículos críticos o en
revistas. Para obtener información diríjase a
Ediciones Universal.

# ÍNDICE

PRÓLOGO AUTOBIOGRÁFICO .................... 7

EL PORQUÉ DE ESTE LIBRO .................... 25

**PARTE I**
**EL PROBLEMA DE LA FELICIDAD** .............. 29
   INTRODUCCIÓN ............................... 31
   1)   LO QUE NO ES LA FELICIDAD ............. 32
   2)   EL PROPÓSITO DE LA VIDA ............... 34
   3)   UN PROCESO HUMANIZANTE A TRAVÉS
        DE LA VIDA ............................ 36
   4)   LA BÚSQUEDA DE LA FELICIDAD EN LAS
        CIVILIZACIONES ANTIGUAS ............. 41
   5)   LA CIVILIZACIÓN GRIEGA ................ 43
   6)   LA CIVILIZACIÓN BABILÓNICA ........... 45
   7)   LA CIVILIZACIÓN HEBREA ............... 48
   8)   UN DOCUMENTO HISTÓRICO ÚNICO ....... 52
   CONCLUSIÓN PARTE I .......................... 55

**PARTE II**
**UNA HISTORIA DEL SER HUMANO CRECIENDO**
**EN CONCIENCIA** ................................ 57
   9)   CENTRACIÓN ............................ 61
        *ABRAHAM* ............................. 61
        *JACOB* ................................ 64
   10)  DECENTRACIÓN ......................... 66
        *MOISÉS* ............................... 66
        LA LEY COMO EJERCICIO DE RESPONSABA-
        LIDAD Y DIRECCIÓN DE VIDA .......... 69
   11)  SUPER-CENTRACIÓN ..................... 71
        *LOS PROFETAS* ........................ 72
        *LOS SABIOS* ........................... 75

12) EL SUFRIMIENTO Y EL MAL .............. 77
    EL MAL COMO APARECE EN EL RECUENTO
        DE LA CREACIÓN ..................... 79
    *ADÁN Y EVA* ........................... 81
    *NOÉ* .................................. 84
    *JOB* .................................. 85
13) HACIA UNA NUEVA DIMENSIÓN ............ 88
14) LA IDEA DE DIOS EVOLUCIONA EN LA
    HISTORIA DE UN PUEBLO ................ 91
15) UN CONCEPTO MÁS PROFUNDO DE LA VIDA . 96
    CONCLUSIÓN PARTE II ................... 99

**PARTE III**
**UNA VISIÓN NUEVA DEL PROPÓSITO DE LA VIDA** 103
16) EN LA PLENITUD DE LOS TIEMPOS ........ 105
17) UNA FIGURA ENIGMÁTICA ÚNICA EN LA
    HISTORIA ............................. 112
18) EL MENSAJE DE UN REINO QUE NO ES DE
    ESTE MUNDO .......................... 116
19) ¿UNA RESPUESTA UNIVERSAL? ........... 119
20) LA GRAN CONTRADICCIÓN: MORIR PARA
    ENCONTRAR LA VIDA ................... 133
21) EL SEÑOR DE LOS FRACASOS ............ 138
22) UN MODELO PARA TODA LA HUMANIDAD . 143
    CONCLUSIÓN PARTE III ................. 146

**EPÍLOGO** ................................ 155
    UN MÉTODO PARA ENCONTRAR EL CAMINO
        A LA FELICIDAD ..................... 161
    NOTA .................................. 165

**PRINCIPALES FUENTES BIBLIOGRÁFICAS** .......... 167

# PRÓLOGO AUTOBIOGRÁFICO

Es agradable conocer a otros con quienes «conectamos» inmediatamente. Hay algo tan misterioso, que tantas veces damos por sentado, y sin embargo, somos los seres humanos los únicos en la creación que podemos hacerlo: la comunicación de nuestros pensamientos. Por eso nos sorprende cuando nos encontramos, sorpresivamente, con otros con quienes parece que nos hemos conocido toda una vida. Y entonces quisiéramos compartir todas nuestras experiencias pasadas y oír las historias de esas almas «gemelas» con quienes podemos comunicarnos en un nivel distinto. Quizás sea curiosidad, pero creo también que es un sano deseo de comprender a los otros para comprendernos nosotros mismos.

Les quiero contar a grandes rasgos mi historia, para que puedan conocer el «de dónde vengo» y entender mejor este libro sobre la búsqueda de la felicidad.

Nací en Cuba en 1939. Mi familia siempre estuvo al tanto de los cambios políticos y sociales que se venían sucediendo desde la guerra de independencia. Cuba se hizo República en 1902, tarde en comparación a otros países en Latinoamérica. España luchó lo indecible por no dejar a su colonia más próspera, rica y desarrollada, y la última que le quedaba en la América. Desgraciadamente en su intento España envolvió a la Iglesia a pronunciarse siempre en contra de la Independencia. Los cubanos vieron con horror y desánimo cuando el Papa León XIII, presionado y mal informado por España, mandó su bendición a las tropas que se dirigían a Cuba a luchar contra los insurrectos independentistas. Aunque muchos sacerdotes fueron perseguidos, y hasta lucharon y murieron por la Independencia de Cuba, el movimiento patriótico se fue identificando con fuerzas anticlericales que le habían ya dado acogida a las ideas independentistas de otros países latinoamericanos.

La mayoría de los cubanos, aunque fueran de la primera generación, estaban a favor de la Independencia. Los últimos abusos represivos de las fuerzas españolas habían producido un efecto positivo a la causa independentista. Con la postura abiertamente pro española de la Iglesia se creó entonces una conciencia anticlerical que se perpetuó hasta después de la inauguración de la República y en los movimientos políticos de los años posteriores.

Así en mi familia, aunque era católica, había también fuertes sentimientos anticlericales que entibiaron siempre sus expresiones religiosas. Mi padre se sentía orgulloso de no haberse arrodillado nunca en una Iglesia y hasta le prohibió a mi madre confesarse con «los curas» por muchos años después de su matrimonio. Sin embargo todos en mi familia fuimos mandados a colegios católicos.

Mis abuelos, por parte de padre, habían apoyado la Independencia, y directamente ayudado a las tropas insurrectas que acamparon en su finca de San José de las Lajas, cerca de La Habana. Mi abuelo Tomás, Doctor en Farmacia, y su hermano, doctor en medicina, ayudaban a escondidas a los insurrectos con medicamentos y atención médica. Al ser descubiertos, fueron mandados junto con sus familias a Isla de Pinos a una colonia penal donde fueron reconcentrados aquellos que ayudaban a la independencia. Sus propiedades fueron confiscadas.

Tanto mi abuelo como mi abuela, con gran orgullo, recibieron después medallas como veteranos de la guerra de Independencia. Recuerdo de niño sentarme a los pies de abuela a escuchar historias sobre la guerra y los patriotas. Escuchaba las historias de cómo mi padre estudiaba a la luz de una vela, e iba a La Habana a caballo para estudiar Medicina. Mi padre, joven estudiante, fue mandado a los Estados Unidos y a México para protegerlo de la represión española que se recrudeció con la última guerra del 95. Finalmente, mi padre regresó y se graduó de Medicina en la Universidad de La Habana en 1901, cuando Cuba ya era libre pero todavía en esos dos oscuros años de intervención de los Estados Unidos.

En Mayo de 1902 se inauguró la nueva República. Mi abuela por parte de madre, según los cuentos que oía después, confeccionó ella misma una enorme bandera cubana que se desplegó en nuestra casa aquel memorable día.

Aunque ninguno en mi familia participó activamente en política, siempre todos se mantuvieron activamente interesados en el desarrollo de los movimientos políticos de esos años de crecimiento como república. Mi tío por parte de madre participó en la redacción de la Constitución de 1940, la más progresista que se había escrito en toda la América hasta entonces.

Fue en 1952 cuando Fulgencio Batista, por un golpe de estado, se hizo dictador de Cuba. La mayoría de la clase intelectual y profesional rechazaba a Batista desde el primer momento. Yo escuchaba las discusiones de mi familia y sus amigos. Algunos decían que los Estados Unidos habían apoyado el golpe de estado para evitar que Cuba, en víspera de elecciones democráticas, se volviera más nacionalista.

Durante la dictadura de Batista, Cuba creció económicamente, hasta colocarse dentro de los países más desarrollados de latinoamérica y quizás del mundo. Definitivamente la educación española y la influencia francesa durante Napoleón habían dejado huella sobre una clase media extensísima. Sin embargo, había pobreza en Cuba, especialmente en el campo y en los cinturones de miseria alrededor de nuestras ciudades.

La mayoría de las clases sociales educadas de Cuba estaban en contra de Batista y su régimen dictatorial e ilegal. Poco a poco empezó una reacción que terminó en la revolución para expulsar a Batista del gobierno.

Yo me había graduado del Colegio de los hermanos de la Salle a los dieciséis años y comencé enseguida a estudiar arquitectura en la Universidad Católica Santo Tomás de Villanueva en La Habana. Desde allí algunos amigos me invitaron a visitar la Agrupación Católica Universitaria, una organización completamente distinta a cualquier otro movimiento religioso de aquellos tiempos. Allí conocí a los jesuitas. Por primera vez en mi vida pude ver a hombres maduros comulgar en masa en una misa… Me invitaron a ser profesor voluntario en una escuela nocturna para obreros de bajos recursos en un barrio marginado de La Habana. Por primera vez en mi vida, también, entré en la casa de un pobre, cuando visité a un estudiante de la escuela que había sufrido un accidente de trabajo. Tirado en un camastro, con un brazo casi cercenado, nos contaba de su tragedia. Sin ninguna amargura ni rencor, nos contaba que su jefe lo había mandado a un hospital de emergencias y sin ninguna ayuda económica lo habían despedido de su trabajo.

A los dieciocho años de edad entré a formar parte activa de la Agrupación Católica Universitaria que nos ayudaba a crearnos conciencia. Estudiábamos historia de Cuba y del mundo, leíamos a Maritain, Adenauer, De Gasperi, Stu    las encíclicas papales sociales. Por primera vez fui a un retiro espiritual con los Ejercicios de Ignacio de Loyola que me impresionaron extraordinariamente. Me movía fuertemente el nuevo espíritu cristiano que había encontrado. En 1956 nos unimos al dolor de Hungría, cuya rebelión en contra de la tiranía soviética había sido aplastada por los tanques rusos.

La dictadura de Batista seguía haciéndose más insoportable. Nosotros, los estudiantes católicos, seguíamos denunciado las injusticias sociales y los crímenes de los aparatos represivos del gobierno. Sin embargo, creo que éramos los únicos que hablábamos de justicia social en contra del régimen. La mayor parte de las organizaciones en contra de Batista, incluyendo el grupo de Fidel Castro, sólo hablaba de revolución política y no de revolución social.

El año de 1958 fue particularmente difícil. En La Habana, sobre todo, aparecían por las calles los cuerpos de jóvenes estudiantes torturados y asesinados por agentes de Batista. Esa última Navidad bajo Batista fue realmente cruel y violenta pues las fuerzas represivas trataban de eliminar toda oposición y resistencia al régimen. Después de las seis de la tarde no se podía ver un joven en las calles. En mi propia casa teníamos varios estudiantes escondidos, huyendo de la persecución. Dos días antes de caer Batista, cuatro estudiantes muy amigos míos de la Agrupación Católica fueron asesinados por las fuerzas represivas del régimen en las montañas del occidente, no lejos de La Habana. José Ignacio Martí (Nacho), July Martínez Inclán, Ramón Pérez (Mongo) y Javier Calvo, fueron nuestra inspiración para el martirio.

El dictador Batista fue finalmente expulsado de Cuba el 1 de enero de 1959. La organización de Fidel Castro era una de las muchas que derrocaron a Batista. Pero Castro era más conocido en el extranjero por la extensa propaganda que le hacían el *New York Times* y la revista *Life* de los Estados Unidos. Hacían un ídolo romántico de aquel rebelde barbudo de las montañas de Cuba. Castro llevaba a cabo su movimiento rebelde en las montañas orientales a más de 800 kilómetros lejos de La Habana.

Castro tomó el poder después que las otras organizaciones se rindieron ante su testarudez. Muchos desconfiaban de él por su pasado turbio y su participación en el «gangsterismo». Sin embargo todos cooperamos con la revolución que parecía prometer nuevos horizontes. Con sorpresa y agrado vimos nosotros, jóvenes estudiantes, que Castro anunciaba cambios sociales con los que todos estábamos de acuerdo. Hasta algunas figuras católicas participantes del nuevo gobierno nos invitaron a colaborar en un programa de educación para el tan olvidado y sufrido campesino. El proyecto incluía la evangelización en aquellas regiones remotas que estaban olvidadas casi desde la Guerra de Independencia.

En camino de las montañas orientales a donde iba con mi amigo Humberto Alvira a unirnos a estos voluntarios, un trágico accidente de automóvil se llevó a mi amigo y me dejó mal herido al borde de la carretera.

Durante varias semanas estuve en observación médica. Tuve una intervención quirúrgica en una pierna. A mi madre le había dicho el doctor que yo no caminaría más. Mi padre, muy enfermo de arterioesclerosis, murió a los pocos meses. En silla de ruedas durante todo ese tiempo, me levanté por primera vez para el funeral de mi padre y pude caminar con la ayuda de un andador. Tenía entonces diecinueve años de edad.

Este accidente cambió mi vida. Meses después recordé que alguien dijo al recogerme de la cuneta de la carretera: «Este parece que todavía está vivo». Mi memoria había estado bloqueada por un tiempo a causa del impacto que me había arrojado fuera del automóvil.

Después del accidente, en cama, sin poder moverme, bajo observación médica, sin poder ni siquiera leer por prescripción de los médicos, sólo podía pensar, meditar y llorar cuando no había nadie delante. Le protestaba a Dios por haberme dejado vivo y haberse llevado en cambio a mi amigo. Humberto tenía veinticinco años de edad, era inteligente, preparado, un líder nato y verdaderamente activo en la Universidad de La Habana en los movimientos políticos. Aceptado y respetado por todos, tenía el potencial para ser una gran figura nacional en el futuro. Yo, en cambio, era demasiado joven, inseguro y tímido, sin ninguna historia.

Humberto tenía y vivía una gran fe. El me enseñó encontrar a Dios, a valorar los principios cristianos, la actitud que nos enseñó Cristo en los evangelios. Nunca se cansó de hablarme sobre el amor patrio a nuestra Cuba por quien debíamos luchar y hasta dar la vida si era necesario. Yo escuchaba y admiraba su fe. Me confundía ahora tener toda su sabiduría dentro y no saber si algún día podría expresarla valorándome tan poco a mí mismo.

Sin embargo, volví a levantarme y pude volver a caminar. Le prometí a Dios nunca negarle nada que me pidiera. Le dije a mi pobre madre, con marcada inmadurez, que no se metiera en mis decisiones, que ya yo había muerto en el accidente, por lo tanto mi vida de ahí en adelante ya era un extra que me habían dado y que yo era dueño de lo que hiciera...

Cambié de universidad, de la privada y católica a la Universidad de La Habana, que acababa de re-abrir, y donde ya mis amigos empezaban a participar activamente en la política universitaria. Me matriculé en la Facultad de Ciencias Sociales y Políticas. Nuestro grupo reconstituyó algunos periódicos universitarios que habían sido prohibidos por Batista. Fui nombrado Director de uno de ellos. Nuestra idea era crear conciencia, levantar una conciencia cristiana y social en el estudiantado. Todos vimos la oportunidad de construir una nueva Cuba con justicia y paz para todos.

Nuestra euforia duró poco. Castro nos había engañado con su verdadero talento de hablar convincentemente a las masas sin límite de tiempo. Había convencido a todos de sus buenas intenciones. Sin embargo, olvidó muy rápidamente sus promesas de participación de todas las organizaciones que habían luchado contra Batista. Poco a poco las fue marginando a todas e irónicamente dando más entrada a los grupos comunistas cuya colaboración en la resistencia a Batista había sido hasta dudosa. Meses más tarde, Castro declaró su revolución marxista-leninista y empezó la persecución contra todos los que no estuvieran a favor de estos nuevos lineamientos. Hubo protestas de grandes y limpias figuras políticas, y también de los estudiantes.

La protesta estudiantil más sonada fue en contra de la visita a Cuba del Vice Primer Ministro de la Unión Soviética. Anastas Mikoyán había sido el principal causante de la invasión a Hungría para aplastar la sublevación en que muchos estudiantes habían muerto. Mikoyán puso una corona de flores con la hoz y el martillo ante el monumento a nuestro patriota de la Independencia José Martí. Cientos de estudiantes se manifestaron y rompieron la insultante corona y fueron recibidos por los tiros de la policía de Castro. Muchos fueron hechos prisioneros.

Todos los periódicos publicaron la noticia. Y ya al descubierto como «contrarrevolucionarios» fuimos perseguidos y acusados de agentes del imperialismo yanqui, contrarrevolucionarios y terroristas. El gobierno organizaba sus «milicias del pueblo», grupos paramilitares fanáticos que se suponía iban a defender la revolución y la libertad contra los Estados Unidos.

Una mañana cuando asistía a clases en la universidad fui atacado y golpeado por estudiantes casi niños que ni siquiera eran universitarios. Eran milicianos organizados por las fuerzas comunistas represivas. Se había desatado una persecución contra líderes estudiantiles contrarios al comunismo.

Finalmente, en una masiva concentración «popular», los responsables de aquella protesta contra Mikoyán fueron públicamente acusados y expulsados de la universidad en la más bochornosa acción en contra de los derechos estudiantiles y la autonomía universitaria. Éramos tres los principales. Aquel día hubo peleas entre los estudiantes que nos apoyaban en su mayoría y los comunistas que gritaban «paredón». El gobierno quería asustarnos con el paredón de fusilamiento que Castro ya había puesto de moda contra los enemigos de su revolución. A muchos que no estaban convencidos de las intenciones de Castro, y todavía se agarraban de excusas para defender su postura, esa tarde se les había caído la venda de los ojos. Esto ocurrió en la plaza principal de la Universidad de La Habana que pronto sucumbió a la intervención de las fuerzas de las milicias de Castro.

De vuelta al clandestinaje, los líderes estudiantiles democráticos empezamos a organizarnos otra vez en una resistencia activa en contra ahora del comunismo de Castro.

Y a la vez que se extendía el descontento por todo el país, se extendió también la represión y el terror por parte del gobierno.

Después de varios meses reorganizando clandestinamente la resistencia, fuentes secretas amigas que estaban en el gobierno nos informaron que se planeaba una ofensiva directa contra el movimiento de resistencia estudiantil y en particular contra nosotros, los tres cabecillas, Alberto Muller, Juan Manuel Salvat, y yo. Se nos recomendó que saliéramos del país rápidamente. Semanas más tarde, con protección diplomática de la embajada del Brasil, salíamos los tres estudiantes amigos hacia el exilio para denunciar la traición a nuestra verdadera revolución cubana y buscar ayuda internacional para nuestra causa fuera de Cuba. Ya Castro había acabado con la libertad de prensa, se había incautado de todos los periódicos, inclusive los que habían estado en contra del régimen de Batista. Todas la estaciones de televisión y radio ya estaban en manos del gobierno, tomadas «popularmente» por las milicias del pueblo... Así había sucedido con todas las empresas privadas y hasta los centros de enseñanza.

Al llegar a Miami en agosto de 1960 ya se estaban concentrando allí muchos respetables revolucionarios cubanos no comunistas que habían escapado de Cuba. Se planeaba una ofensiva al régimen de Castro desde fuera y desde dentro.

Nuestra llegada al exilio tuvo gran resonancia y publicidad por los medios de comunicación de los Estados Unidos y otros países. Éramos tres líderes revolucionarios estudiantiles que habíamos desafiado al régimen y a la revolución de Fidel Castro. Muy pronto la CIA nos estaba haciendo proposiciones de ayuda y armamentos para el movimiento estudiantil de la resistencia en Cuba. Aceptamos, aunque no confiábamos en esa Agencia Central de Inteligencia de los Estados Unidos. Pero no veíamos otra opción. Estábamos luchando no sólo en contra de la revolución comunista de Castro, sino también en contra de la Unión Soviética que apoyaba a Fidel Castro mismo, y a la China comunista, que apoyaba a Ernesto «Che» Guevara y a Raúl Castro, hermano de Fidel.

Muller y Salvat se infiltraron en Cuba uno tras otro. El movimiento estudiantil cobró mucha fuerza. Éramos jóvenes y no le teníamos miedo a nada. Todos los grupos estudiantiles de la resistencia se unieron. También las organizaciones políticas en el exilio se habían unido en un solo frente. Me habían asignado quedarme en Miami y representar al movimiento estudiantil nacional ante lo que ya se concebía como un gobierno de Cuba en Armas. Yo era el miembro más joven de un consejo compuesto por ex presidentes de Cuba e ilustres figuras políticas democráticas. Me sentía empequeñecido ante tantas personas que habían hecho historia y habían estado perseguidos por el gobierno de Batista primero, y ahora por el de Castro.

La invasión de Bahía de Cochinos iba a llevar este Gobierno en Armas a Cuba. Después de largas y agitadas reuniones se designó al Dr. José Miró Cardona como Presidente. La CIA había apoyado todo este movimiento y organizado los campamentos donde cubanos entrenados esperaban ir a luchar a Cuba y rescatar la revolución de manos de los comunistas. Después de estas deliberaciones en Miami, nos fuimos todos a Nueva York para proclamar las decisiones del consejo. Miró Cardona era un abogado que en tiempos de Batista había denunciado a su gobierno y, por supuesto, fue expulsado de Cuba. Cuando Castro subió al poder lo llamó a formar parte del gobierno revolucionario como Primer Ministro. Pero cuando Castro impulsivamente empezó con sus juicios dudosos y rápidos contra «supuestos asesinos» del régimen de Batista, que todos terminaban en el paredón de fusilamiento, Miró Cardona renunció a su cargo. Acusado por Castro, se escapó al exilio.

Esa tarde en Nueva York, después de las reuniones y la proclamación presidencial, Miró me llamó a un lado y me pidió que lo siguiera sin decirle nada a nadie. Caminamos hasta la Catedral de San Patricio. Entramos y nos arrodillamos a orar por Cuba, lejos de la prensa y de los demás. Él y yo nos habíamos hecho amigos a lo largo de las reuniones y habíamos hablado mucho. Miró tampoco confiaba en la CIA.

Años más tarde, Miró Cardona se enteró de que me ordenaba sacerdote jesuita en Puerto Rico, y asistió a la ceremonia de mi ordenación en primera fila en la iglesia y recibió la comunión de mis manos. Llorando en un abrazo, después que le di la bendición, me recordó nuestra oración en San Patricio, que yo nunca había olvidado.

Días después fui el primero de aquel Gobierno en Armas que se infiltró en Cuba. El movimiento estudiantil me llamaba para estar allá. El día antes de partir recibí la noticia terrible de que mi hermano menor, de dieciocho años de edad, había sido hecho prisionero por la fuerzas de Castro. Al llegar a Cuba me enteré de que mi madre y mi hermano mayor estaban también en prisión, que estaban siendo interrogados y que el gobierno pedía pena de muerte para mi hermano.

Había entrado en Cuba por la costa norte de La Habana. Me maravillé de lo bien organizado y fuerte que estaba el movimiento de la resistencia. Se me asignó unirme a las fuerzas rebeldes precisamente en las mismas montañas donde Castro se había alzado años antes. Los campesinos de aquella zona se habían desilusionado también de la falsa revolución.

Después de varios días en La Habana, donde un grupo de señoras me transformaron físicamente para que no fuera reconocido, otros agentes de la resistencia me llevaron al punto de contacto distante doce horas en automóvil desde La Habana. Pero al llegar al punto nos avisaron que las fuerzas de Castro habían descubierto a los campesinos que nos esperaban. Casi sin parar regresamos a La Habana.

Pocos días después fue la invasión de Bahía de Cochinos. Nos enteramos por los noticieros de Castro. Ningún telegrafista, aunque habían sido entrenados por la CIA, había sido informado del suceso antes que pasara. Nadie en el movimiento sabía nada. Parece que se habían cambiado los planes sin haber consultado con las organizaciones de la resistencia. La CIA controlaba las comunicaciones.

En el clandestinaje pudimos observar con las manos atadas cómo los tanques comunistas rodaban por las calles de La Habana, y nosotros sin saber nada. Los tanques se dirigían hacia Bahía de Cochinos, de lo que pensamos que era el punto más absurdo para una invasión que tenía que ser respaldada por el movimiento de la resistencia. Tal parecía que todo se había planeado para que fracasara.

Permanecí escondido en distintas casas de seguridad en La Habana, lugares diseñados para los abiertamente conocidos como yo era. La Habana era un caos después de la invasión. El gobierno iba revisando casa por casa por todos los barrios. Hasta los estadios de deportes y los teatros y cines estaban abarrotados con los miles de sospechosos presos.

El día después de la invasión el gobierno de Castro había juzgado a muchos de los prisioneros políticos para darnos una lección. Entre ellos estaba mi hermano menor, de 18 años de edad, y sus dos compañeros estudiantes, Virgilio Campanería y Alberto Tapia Ruano. Ellos y muchos más, entre ellos otro gran amigo mío, Rogelio González Corso, fueron condenados al paredón de fusilamiento. Mi hermano se salvó, pues sorpresivamente el juez comunista lo sentenció a sólo 30 años de cárcel. Supimos, años más tarde, que el juez había sido benévolo porque se acordaba de que mi padre le había salvado la vida con una cirugía que le había hecho cuando era niño. Mi hermano Tomás fue enviado a la prisión Isla de Pinos, precisamente a donde había estado penalizada nuestra familia en tiempos de la guerra de Independencia. Después de muchas gestiones mi hermano fue puesto en libertad 18 años después.

Nuestro grupo de amigos había sufrido bajas considerables. Muchos murieron gritando «Viva Cristo Rey» ante el paredón de fusilamiento. Mi hermano oyó claramente desde su celda ese grito de sus dos compañeros. Este grito se convirtió en el canto de victoria de todos los que quedábamos luchando. Ese grito nos electrizaba y electrizaba también a los verdugos que no entendían semejante heroísmo.

Mi hermano Tomás cumplió 18 años de prisión. Gran parte de la condena la sufrió precisamente en la fatídica Isla de Pinos, donde 60 años antes nuestros abuelos con toda su familia habían estado «reconcentrados» por los españoles en campos de detención para los que ayudaban a los patriotas de la guerra de independencia.

Tomás fue finalmente liberado por una negociación del entonces gobierno Demócrata Cristiano de Venezuela. Esta negociación me dio la oportunidad de visitar a Cuba dos veces en 1978. A pesar de las dos sentencias de muerte que pesaban sobre mi cabeza, el gobierno cubano aceptó que viajara a Cuba con el entonces Vice-ministro de Azúcar del gobierno de Venezuela, Joaquín Pérez Rodríguez, y otros funcionarios, para negociar la liberación de mi hermano.

Pude entonces vivir personalmente la realidad dentro de Cuba después de 20 años del triunfo de la revolución. Confieso que ya estaba resignado a reconocer que quizás un régimen socialista había logrado lo que muchos años de democracia no pudieron hacer. Pensaba que quizás había habido cambios positivos aunque fueran otros con ideales totalitarios y no democráticos los que lo habían logrado. Aunque habíamos quedado nosotros como perdedores, las vidas, la sangre y los esfuerzos de tantos jóvenes mártires y los ideales de toda una generación tendrían al fin y al cabo una razón: una Cuba más organizada y disciplinada.

Sin embargo, me encontré, con gran desilusión, con una dictadura asfixiante, maniobrada por una burocracia que provocaba un desorden institucional caótico diseñado sólo para agradar al dictador. Me encontré con un pueblo amorfo dirigido a base de consignas infantiles de propaganda masiva por todos los medios controlados totalmente por el gobierno. Caí en cuenta de la diferencia con que el régimen manejaba la propaganda internacional que proclamaba los «logros de la revolución» a todos los vientos y lo que yo estaba viendo dentro de Cuba. La realidad aquí era muy diferente a la que se exportaba fuera o se enseñaba a los visitantes extranjeros. La economía estaba en ruinas, causada según muchos por los caprichos adolescentes del dictador y en definitiva por la probada ineficacia del sistema. La maravillosa ciudad de la Habana, en otro tiempo, comparable a París, por su arquitectura, alta cultura y vida artística, estaba también en ruinas, y su pueblo con hambre, aburrido y mal vestido. Masas de gente desmoralizadas vagaban por las calles tratando de conseguir comida. Muchos acosaban con desfachatez a los visitantes extranjeros ofreciendo droga y prostitución. La mayoría de los jóvenes se notaban molestos por la presencia constante e inquisitiva de las fuerzas represivas.

En contraste, se notaba visiblemente una pequeña clase dominante. Esta «nueva clase» constituida por las altas figuras del partido comunista y del gobierno, no podía esconder sus privilegios al asistir a ceremonias públicas, en buenos automóviles europeos, buen vestir y hasta con joyas, protegidos por un militarismo arrogante y molesto. Estos privilegios habían sido criticados acerbamente por la revolución al principio como una vergüenza del régimen capitalista y del pasado.

Volví a visitar a Cuba 20 años más tarde en el 2002, invitado por obispos cubanos. Pude recorrer todo el país de un extremo a otro. Con desaliento pude corroborar mis impresiones de años antes. Visité en varias ciudades barrios de miseria de una pobreza impresionante, que según el régimen, ya no existían. Llegué a la conclusión de que al sistema comunista parecía que no le interesaban los problemas ni la desorganización interna, ni menos el sufrido pueblo cubano. Como contraste, la propaganda internacional, el espionaje y la infiltración de agentes fuera del país estaban irónicamente muy bien organizados.

Pero volvamos otra vez a la frustrada invasión de Bahía de Cochinos el 17 de Abril de 1961.

Después del fracaso todos nos incorporamos con rapidez. Teníamos que reorganizarnos y buscar nuevas soluciones. Muchos estaban presos, otros escondidos y otros tratando de escapar. Yo fui trasladado por la organización de lugar en lugar. Entendí lo difícil que era para ellos encontrar ahora lugares donde esconderme y protegerme. Decidimos entonces que yo escapara del país otra vez.

De mis dos amigos, uno estaba en prisión y pedían para él pena de muerte por ser el principal dirigente de los estudiantes. El otro había caído detenido en una de las prisiones multitudinarias después de la invasión y burló a sus captores con una identidad falsa. Creyendo que él era un simple confundido dejaron ir, a los varios días, a quien era una de las máximas figuras del movimiento estudiantil.

Yo finalmente escapé por la Base de Guantánamo saltando la cerca de nuestra única frontera con los Estados Unidos. Estuve allí por dos meses tratando de entender todas las traiciones de que habíamos sido objeto. Interiormente, yo estaba tratando de comprender mi propósito en la vida, mi fe, mi pasado y mi futuro. Al día siguiente de llegar a la base, buscando, encontré una capillita. Allí oré por varias horas. De ahí en adelante iba todos los días. Encontraba paz en mi alma. Dos meses después, los superiores militares de la base decidieron llevarnos a Miami secretamente. Ya éramos un grupo de once hombres de diferentes grupos revolucionarios anticomunistas. Ellos también habían saltado la cerca de la base norteamericana.

Al regresar a Miami tenía que encontrarme de nuevo conmigo mismo. Estaba seguro de que iba a morir en Cuba cuando me había ido hacía varios meses. Sin embargo, estaba todavía vivo y tenía que aclarar mi futuro. Pero lo primero que hice fue establecer oficialmente mi compromiso con la novia que tanto amaba desde hacía tiempo y la pedí a sus padres en matrimonio. Pero un mes después, nuestra organización estudiantil me pidió que fuera parte de una misión secreta de un grupo que iba a reforzar nuestro movimiento de resistencia en Cuba. Tendríamos un entrenamiento intensivo y después nos infiltraríamos en Cuba. La CIA se encargaría de la operación. Desconfié otra vez, pero accedí.

La operación falló. El equipo de recepción que esperaba fue emboscado por fuerzas de Castro y otro de mis mejores amigos, Juanín Pereira, murió en el incidente armado. Nunca se pudo desembarcar. Juanín fue quien me había llevado escondido a coger el tren para escaparme por Guantánamo. Sus palabras de despedida habían sido: «no nos dejen solos».

Después de ese fracaso y sin ver otra alternativa todos tuvimos que afrontar nuestro futuro. En nuestro grupo éramos todos muy buenos amigos. Nuestras novias también lo eran entre sí y ya se estaban cansando de esperar. Y empezaron las bodas y la continuación de nuestros estudios universitarios. Por alguna razón yo no pude. Tenía algo que me quemaba muy dentro. Mi novia y yo hablamos mucho. Decidimos esperar uno o dos años.

Pero yo pensaba, meditaba, reflexionaba, hasta que un día fui a hablar con un jesuita amigo, el padre Jorge Sardiña, S.J., que había sido mi guía espiritual durante varios años. Ahí se decidió todo. Me había sentido llamado a continuar la vida de entrega que había tenido hasta ahora y le dije al amigo sacerdote que quería ser jesuita. Recordé, como siempre, que no le podía negar nada a Dios. Y salté al vacío, a lo desconocido, que realmente no era nada desconocido. Sentí una paz tremenda, un alivio y una libertad que nunca había sentido.

Tenía que decírselo a mi novia. Tardé días en coger fuerzas. Por fin hablamos una noche por horas y horas, lloramos con gran dolor y pena del corazón. Nos queríamos mucho. Me daba más dolor saber que yo me sentía fuerte y claro en mi decisión. Ella era la víctima.

Tuve que esperar un año para irme al noviciado pues mi madre había llegado sola de Cuba y no tenía con quien dejarla. Cuando se enteró de mi decisión, mi novia tuvo que venir para calmarla. Ser cura nunca hubiera sido un honor para mi familia... Sin embargo poco a poco ella fue asimilando y entendiendo.

Después de un año que sirvió de reafirmación, trabajando en la formación patriótica y espiritual de jóvenes que llegaban de Cuba, entré al Noviciado Jesuita en España.

Ya tenía veinte y cuatro años de edad y estaba listo. Aquel accidente automovilístico me había conducido a esta nueva dimensión que poco a poco empezaba a articular. Me sentí libre y en paz como nunca me había sentido.

A través de años de estudio y trabajo, en medio de tremendos cambios en el mundo y en la Iglesia, mi fe me ha llevado de la mano. Hice estudios en España, República Dominicana, Venezuela, los Estados Unidos, Canadá Inglés, Roma, Canadá Francés. Tuve profesores y directores espirituales que me guiaron a través de mis estudios, mi carrera y mis crisis en la vida. Entre ellos Federico Arvesú, S.J., quien me orientó en los primeros años de jesuita. También, Gilles Cusson, S.J. que era uno de los mejores especialistas en Espiritualidad de Ignacio de Loyola, profesor de la Universidad Gregoriana en Roma, director de Tercera Probación en Québec, y consultor de Pedro Arrupe, S.J., el Padre General de los Jesuitas. Cusson me ayudó a articular mi fe y a entender mi vida. Él dirigió mis estudios postgraduados y mi tesis doctoral, de la cual este libro es un sumario.

Desde 1975 trabajé en la facultad de medicina de la Universidad Jesuita de Creighton, Omaha, Nebraska, durante 20 años como guía espiritual de los estudiantes y capellán de la facultad.

Narciso Sánchez Medio,S.J., otro amigo jesuita cubano y yo habíamos fundado la Misión ILAC en 1973 para promover y desarrollar las comunidades rurales de regiones remotas de la República Dominicana. Siempre en las vacaciones nos habíamos mantenido trabajando en ese país después de hacer allí el noviciado. La República Dominicana nos ofrecía un campo amplio para ofrecer servicios que ayudaran a tanta necesidad existente. Empezamos llevando estudiantes y profesionales de Creighton y de otros países desarrollados a trabajar como voluntarios. Integramos los Ejercicios Espirituales Ignacianos en la experiencia con profundos resultados tanto con los que ofrecían el servicio, como con los que lo recibían. Allí he estado trabajando a tiempo completo durante los últimos diez años.

Durante mis estudios y trabajos he hecho amigos íntimos en diferentes partes del mundo, de distintas nacionalidades, culturas, razas y hasta de distintas religiones y declarados ateos.

A través de una vida poco usual, me ha intrigado el hecho de encontrarme a muchos otros, que han llegado por otros caminos a las mismas conclusiones en la vida que yo. Al comunicar pensamientos e intercambiar experiencias con otros, he encontrado que la actitud de muchos con quienes he «conectado», como decía al principio, ha sido la misma que yo había descubierto. Las preguntas fundamentales sobre la vida, las respuestas encontradas a base de problemas y desafíos, son básicamente las mismas. Y ¡qué agradable es encontrar que uno no está solo en esta vida de búsqueda!

Llego a la conclusión entonces de que todos los seres humanos tenemos una misma misión y tarea a lo largo de esta misteriosa vida: buscar y encontrar el camino a la felicidad. Todos tenemos el hambre y la sed de esta felicidad que parece no existir a simple vista.

Aquellos que hemos podido vencer el hastío, a través de problemas, trabajos, crisis, y nuestros propios errores y faltas, quizás tenemos una responsabilidad mayor que los demás. Tenemos que llevar nuestras propias experiencias para ayudar a otros más necesitados. Y no hay lugar en esta misión para el orgullo y el envanecimiento. Los que hemos sufrido y sobrevivido nos damos cuenta de que todo ha sido un regalo para compartir con los demás con humildad y con una tremenda carga de responsabilidad.

No puedo envanecerme al declarar que sí, he encontrado una fuerza interior que definitivamente es más grande que yo mismo. Esta fuerza, sin embargo, no me diluye ni destruye, sino que es tremendamente personal e íntima. Esta fuerza me hace el centro del mundo, pero al mismo tiempo, me hace parte infinitesimal de un misterioso universo más allá de mi entendimiento y comprensión. Esta fuerza inexplicable me lleva constantemente hacia los demás que forman también un universo social del que todos somos parte activa e integral.

Esta fuerza interna, estoy seguro, todos y cada uno la tenemos escondida en nosotros mismos para ser descubierta. Y siento dentro de mí que tengo que compartir mis descubrimientos con todos los que me rodean. Mis respuestas encontradas, el propósito de la vida descubierto a través de una vida distinta, la misteriosa fuerza interior, que me han hecho encontrar el camino a la felicidad, todo eso tengo que ponerlo al servicio de los demás. Creo firmemente que ese camino nos conduce a todos y a cada uno a la añorada felicidad.

Ernesto Fernández-Travieso, S.J.

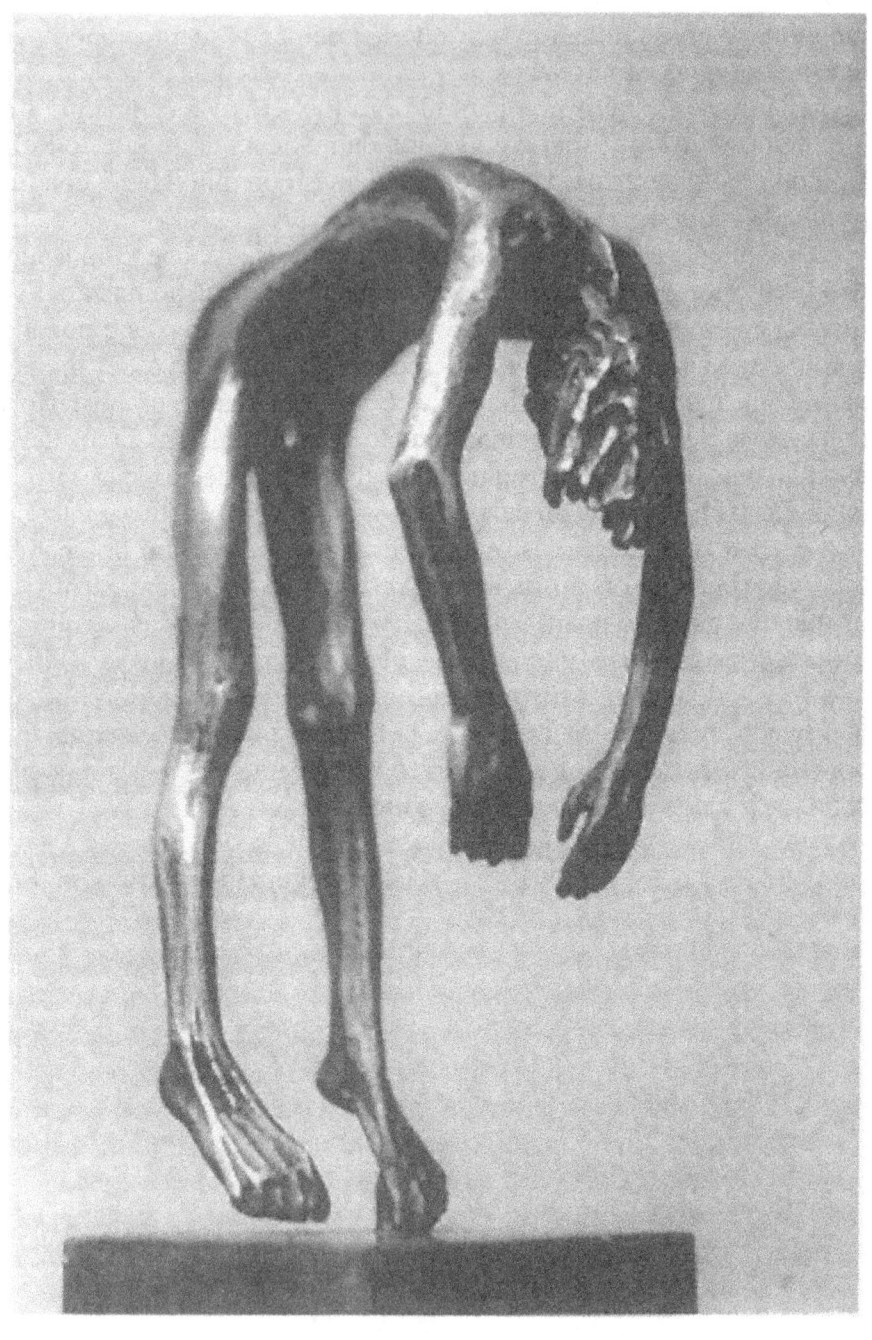

# EL PORQUÉ DE ESTE LIBRO

En el mundo de hoy vivimos con ansias y tensiones que nosotros mismos hemos creado. La palabra estrés ya se está usando en casi todas las partes del mundo. Una vez un campesino en un remoto paraje de la República Dominicana me preguntó preocupado sobre una nueva enfermedad que, según él había oído, estaba matando a mucha gente. Se llamaba, me dijo, algo así como «L-3». Me intrigó al momento. Pero enseguida caí en cuenta de su pronunciación campesina que quita y pone las eses indistintamente. El campesino se refería al «estrés».

Y sí, tenía razón, le expliqué que era un mal que estaba matando mucha gente allá en los países desarrollados, y hasta en las mismas ciudades de República Dominicana. También le tuve que decir que, por ahora, él no tenía ningún problema, pues al vivir en esas montañas verdes, con un cielo azul brillante de día y estrellas incontables de noche, con una familia envidiable, no tendría problemas de contaminarse con esa enfermedad.

Si pudiéramos sacar tiempo para reflexionar, estar en silencio, algún rato al día, en vez de vivir en constante angustia y desasosiego, encontraríamos la inmensa profundidad que tenemos los seres humanos. Somos creativos, productores, trabajadores, pero vivimos en constante vorágine sin saber de dónde venimos ni adónde vamos. ¡No hay tiempo para pensar!

Cuando era joven me impresionó sobremanera la expresión de Mahatma Gandhi cuando visitó Nueva York por primera vez en aquel entonces. Viendo Gandhi el alboroto y corre-corre de tanta gente en las calles de esa ciudad, preguntó: «¿Y esta gente cuándo medita?»

La reflexión es algo que nos distingue de las otras criaturas del reino animal. Aunque los animales piensan, ellos no saben que piensan. Sólo el ser humano es capaz de reflexionar, o sea pensar sobre lo que se piensa. Descartes con su «Cogito, ergo sum» ponía en el pensar la causa de saberse existir. Estaba reflexionando. El pensar nos conduce a aprender y a desarrollarnos.

El mundo de hoy no ha mejorado desde que Gandhi estuvo en Nueva York, y en muchos sentidos ha empeorado. No tenemos tiempo para leer ni reflexionar. Se vive una vida espectacularmente superficial. Muchos viven de sólo instintos compartiendo las «virtudes» de los animales. El vacío y la angustia acaban por destruir al individuo que sólo vive en la realidad que ve. La apariencia personal lo es todo y muchos viven tratando de retardar esa juventud que es parte del proceso de la vida, pero sólo una etapa. La juventud nos prepara para la madurez, para la sabiduría de la experiencia, para conocer nuestro papel en el universo, a transformarnos y crecer en conciencia. Pero no se puede vivir joven toda la vida ni con todas las operaciones estéticas que se puedan soportar. No se puede estirar la inconciencia adolescente, la del no hacerse responsable, por toda una vida. Frente a todas las banalidades y las distracciones que nos presenta el mundo, nos cae con todo su peso el misterio de la vida. Y la vida, tarde o temprano, nos tiene que hacer responsables y maduros para confrontar las preguntas fundamentales. ¿Para qué vivimos? ¿Cuál es el propósito de la vida? ¿Por qué el sufrimiento? ¿Por qué la muerte?

Es triste ver a una juventud desorientada y confusa buscando la felicidad en el placer momentáneo y en las cosas efímeras. Tal parece que el joven de hoy no tiene ni siquiera oportunidad de llegar a comprender el misterio insondable de la vida. Vive sin historia ni identidad personal. Parece que le tiene miedo a aprender, a arriesgarse, a conocer más allá de sus límites y limitaciones. Las presiones del ambiente lo acosan. Y lo natural es dejarse llevar, arrastrar por la corriente. Por otra parte, la humanidad está siendo cada vez más fragmentada. El joven no encuentra ya ni en la familia ni en los otros el calor humano donde poderse encontrar a sí mismo, encontrar a los demás, encontrar, en fin, su puesto en el universo. La competencia malsana nos hace desconfiar de todos, y esto destruye nuestros grupos naturales y hasta la amistad. La educación masivamente extendida está enfocada, no al encuentro con la sabiduría, ni siquiera a promover el pensamiento y la reflexión, sino solamente a preparar al individuo para encontrar un trabajo remunerador. Las universidades, cuyo nombre significa estudio del universo, parecen contradecir su concepto mismo, y sólo preparan al individuo para una especialización estrecha y cerrada, fuera del contexto universal.

Este libro se refiere a la búsqueda de la felicidad, algo que todos estamos buscando. Pero la mayor parte de las veces la buscamos donde no puede estar y nuestra búsqueda se vuelve estéril y hasta destructiva para uno mismo y para los demás.

Buscaremos en la historia. Buscaremos en la evolución del pensamiento humano a través de siglos de experiencia. Experiencias interiorizadas, compartidas, y sobre todo, reflexionadas. Se han encontrado respuestas muy válidas a lo largo de la historia. Desde la historia antigua los babilonios, los griegos, los judíos y los romanos nos dejaron un legado. El ser humano indudablemente ha crecido en conciencia. El progreso técnico, social, y político aparece a nuestra vista en cada paso y lo vemos en los eficientes medios de comunicación que nos han hecho una comunidad global. Nos enteramos de los acontecimientos mundiales a los pocos segundos de ocurridos.

Sin embargo, parece ser que no hemos crecido interiormente en conciencia a la par del progreso técnico. Quizás a esos medios de comunicación no les interesa desarrollar ese aspecto del ser humano. Puede ser que ese aspecto importantísimo del ser humano «no venda», y en este mundo tan comercializado y consumista, los medios de comunicación no le prestan atención. Por lo tanto cada día más nos controlan y nos manipulan para que la economía siga rodando. Irónicamente, el ser humano de hoy se proclama más libre que nunca. Nos dice José Luis Martín Descalzo:

*Nuestro orgullo de hombres del siglo XX parece consistir en habernos liberado de todos los yugos, en poder proclamarnos retóricamente libres. ¿Libres? ¿Fue alguna vez el hombre más esclavo? ¿Es libre el desempleado, el drogadicto, el atado al sexo, el uncido en la vanidad? Pero hay quienes, como sólo «obede-*

*cen» a su capricho, se creen que no obedecen a nadie.*
*Sin descubrir que no hay amo más esclavizador.*

Este libro busca un camino partiendo desde el ser humano completo, físico y espiritual. No es un trabajo exhaustivo, sino que pretende hacer al individuo abrirse más a una realidad histórica en cuyo contexto nos movemos y crecemos. Pretende ayudar al individuo a cuestionarse ante tantos escritos que muchos pensadores con inquietud nos han legado a través del tiempo. Quizás este libro les sirva a muchos de acicate para seguir leyendo, investigando, y estudiar más a fondo todos estos temas que nos hacen despertar la mente, y seguir buscando...

Pero sobre todo este libro es una invitación a reflexionar. En el mundo de hoy hay muchas teorías, creencias y religiones, que aportan siempre algo positivo al ser humano que busca. Muchos hoy se vuelven al oriente tratando de encontrar una realidad profunda que la civilización occidental ha pasado por alto. Thomas Merton, gran místico de nuestros tiempos, murió en el oriente irónicamente electrocutado por un ventilador defectuoso General Electric. Merton buscaba esa realidad más profunda para incorporarla a su propia experiencia espiritual. Por otra parte, profetas de nuestro tiempo nos hacen recapacitar ante la vorágine de este mundo dominado por la superficialidad. La Madre Teresa de Calcuta, ante la vanidad mundana de hoy que sólo busca la belleza y el placer, murió gastada y arrugada, atendiendo con amor a los olvidados y despreciados.

Pero en este mundo al parecer dominado por las tinieblas, cuya violencia, materialismo, inconciencia y despilfarro, a veces nos deprimen, hay una esperanza. Lo sabemos con esa intuición interior que todos tenemos. El ser humano siempre puede elegir, optar por la luz y ser así mismo *luz* que disipe las tinieblas. Para quienes tomen esa decisión positiva habrá un mundo diferente. ¡Estamos en el siglo XXI, en el Tercer Milenio! Hay señales que nos pueden indicar un camino hacia la felicidad. ¡Busquemos, que quizás el camino hacia la felicidad esté en la misma búsqueda!

# PARTE I

# EL PROBLEMA DE LA FELICIDAD

## INTRODUCCIÓN

Sí, la felicidad es un problema, puesto que todos la deseamos y sin embargo aparentemente no podemos conseguirla.

Una de las pocas cosas que nos unen a todos en el mundo y a través de todos los tiempos es el deseo de la felicidad. Con él nacemos, aunque no somos capaces de identificar este deseo ni siquiera verbalizarlo hasta un poco más tarde en la vida cuando ya somos capaces de razonar y reflexionar. Todos hemos tenido momentos en nuestra vida en que hemos tocado algo que reconocemos como felicidad. Esas chispas de emoción intensa nos auguran algo trascendental que nos lleva a seguir buscando.

Se ha escrito mucho sobre «la felicidad». Se habla mucho sobre ella. Sin embargo, por los efectos, o el poco efecto que encontramos en nuestro mundo a lo largo de la historia, parece ser que muchos ni siquiera saben lo que es la felicidad, y la mayoría nunca la encuentra. Peor todavía, mirando el mundo de hoy, nos damos cuenta de que la mayor parte de la gente no sabe ni cómo buscarla. Los medios de comunicación nos venden diariamente una felicidad ficticia y superficial muy fácil de comprar por los jóvenes que, curiosos, buscan donde sea respuestas a sus innumerables preguntas. La droga y el alcohol, el placer hedonista de la belleza y del «lucir bien», el placer sexual animal que no incluye el amor, sino sólo el gozo personal y egoísta, todo esto se nos vende en la calle como medios seguros de obtener la felicidad. Cualquier joven capaz de reflexionar por un momento se da cuenta de que está siendo manipulado por una propaganda falsa y engañosa. La felicidad, sabemos, tiene que ser algo más serio y profundo.

La historia tanto del oriente como del occidente nos trae las reflexiones documentadas de siglos de búsqueda, de consideraciones, de razonamientos. Muchas preguntas de esas civilizaciones a través de siglos parece que se quedaron sin contestar. Quizás por eso en el mundo de hoy muchos se dan por vencidos antes de empezar esa búsqueda que por siglos hemos reconocido ya como parte de este misterio de la vida.

Si pudiéramos sentarnos a reflexionar –algo que es tan difícil en nuestros días– sobre tantos escritos, tantas filosofías y teologías que han marcado la historia del mundo, quizás encontraríamos un camino para emprender esa búsqueda. Por lo menos descubriríamos una dirección que tuviera sentido. Así no andaríamos dando tantos tumbos estériles y frustrantes buscando la felicidad donde no puede estar.

Pero por supuesto, algo dentro nos dice que hay que hacer el esfuerzo, un gran esfuerzo. La búsqueda de la felicidad, como guía definitiva de nuestras vidas que parece ser, debería volverse una aventura fascinante llena de sorpresas inimaginables. Sin embargo esta aventura sólo se lleva a cabo a través de un constante esfuerzo y sin desilusión. Platón igualaría la felicidad con la sabiduría y el conocimiento. Algo tan sublime que su búsqueda nos llevaría a la inmortalidad. ¿Cuánta gente hoy en día pensaría realmente en los conceptos de «conocimiento» y «sabiduría» al referirse a la felicidad? ¿Cuántos no se quedarían solamente al nivel materialista o del placer?

No parece que podamos definir la felicidad tan fácilmente. Y si le pidiéramos una definición a cada uno de los seres humanos tendríamos que darnos por vencidos, pues cada uno daría una respuesta distinta. Sin embargo, tiene que haber una idea común que nos satisfaga a todos. Podríamos quizás llegar a un concepto que tenga sentido universal si usáramos otra estrategia. Tal vez encontraríamos una pista si empezáramos por definir lo contrario, o sea, lo que no puede de ningún modo ser la felicidad.

## 1) LO QUE NO ES LA FELICIDAD

Una felicidad que no considere ni incluya todos los aspectos de la persona humana no puede ser felicidad. Hemos nacido cada uno como seres únicos e individuales, pero también conocemos temprano en la vida que somos seres sociales, que nos necesitamos unos a otros, no sólo utilitariamente, como mantenía Rousseau, sino también espiritualmente, sentimentalmente. Además, sabemos que tanto lo individual como lo social necesitan de una dimensión espiritual y universal.

Nuestras relaciones humanas son parte importantísima de nuestra vida. La familia, nuestras amistades, nuestros pequeños grupos y comunidades, son imprescindibles a la persona humana en su vida diaria. Pero ese ser social, parece demostrar nuestro mundo de hoy, no se puede conformar sólo con pertenecer confortablemente a un grupo. La persona humana parece no tener límites en su deseo de abarcar todo el universo. Ahí se unen lo individual y lo social del ser humano. A pesar de nuestras propias limitaciones, existe algo «cósmico» dentro de nuestro ser que nos llama a trascender por encima de todo a ese misterioso universo al parecer más allá de nuestro alcance. Hay también un sentimiento de responsabilidad social que nos llama a desarrollarnos y poder ser útiles al mundo.

De ahí deducimos que no podemos buscar la felicidad fuera de nuestro deseo de realización personal, psicológica, social, y hasta universal. No pudiéramos buscar la felicidad sin atender y considerar esa llamada trascendental que cada uno tiene dentro. Esta llamada tiene que ser actualizada en un contexto social con las posibilidades casi sin límites que nuestro universo nos ofrece.

Una felicidad que ignore al individuo y lo reduzca a ser un número más en un conglomerado social, como han querido promover el comunismo, el socialismo, y los dictadores de turno en tantos países, no puede ser felicidad. Una felicidad, por lo contrario, que separe al individuo de los demás con un egoísmo ciego buscando su propio bienestar sin importarle su responsabilidad social, como proponen el capitalismo y el consumismo, tampoco puede ser felicidad. Esto nos debe mover a reflexionar urgentemente, ya que las dos vertientes que parecen regir el mundo social y político de hoy van por esos dos extremos absurdos y al parecer incontrolables. Esa felicidad que nos reduce a un nivel puramente animal o mecánico no puede ser la verdadera felicidad. La felicidad no puede estar ligada a la deshumanización, y esos extremos, está más que probado en la historia, deshumanizan y esclavizan a los seres humanos y bloquean su total y trascendental desarrollo. Por eso en el mundo de hoy muchos optan por escapar de la realidad en los vicios, ya sean drogas, alcohol y sexo irresponsable, que les aseguran aparentemente una «felicidad» inmediata. El caos de nuestro mundo de hoy, la guerras, injusticias, materialismo voraz, el hambre y necesidad de unos, abuso del poder y la riqueza de otros, la ignorancia culpable de la mayoría, provocan la apatía y el cinismo de muchos que podrían remediar en algo esa situación tan crítica. Por otra parte, los escapismos, nos dicen los psicólogos, aumentan la angustia y la inseguridad y sólo conducen a un deterioro interno y externo de la persona y la sociedad.

---

*Revisemos primeramente algo previamente necesario. Definamos lo que sabemos de la persona humana, lo que somos, el propósito de la vida, el fin para que existimos. Repasemos lo que el ser humano ha encontrado a través de muchos años de experiencia, estudio, y reflexión.*

---

## 2) EL PROPÓSITO DE LA VIDA

No podemos ir adelante si no nos detenemos a reflexionar sobre el propósito de la vida, si es que lo hay. Los filósofos, por siglos, nos han llenado de conceptos, a veces contradictorios, sobre el propósito de la vida humana, y la razón de ser individual y social de cada uno. Hay quienes niegan que haya propósito alguno. Otros tienen un sentido fatalista de la vida. Sin embargo, la mayor parte de los pensadores, en especial los que han contribuido a formar el pensamiento occidental, proponen un propósito positivo de la vida. En los últimos siglos, la psicología y la sociología, han arrojado más luz sobre esa actitud positiva ante la vida individual y universal.

Víctor Frankl, sobrevive el horrendo campo de concentración encontrándole un sentido positivo a la vida.

Carl Jung define la vida humana como un proceso de trascendencia de lo natural a lo consciente. El ser humano, al crecer en conciencia, quiere traspasar los límites que le han impuesto los instintos de la naturaleza y trata de «liberarse», de irse por encima de estos en un proceso de superación personal casi sin límites hacia una espiritualización «sobrenatural». Hay un propósito positivo y trascendente en la vida.

Hasta Nietzsche, con un tono sarcástico, no puede negar que el ser humano tiene un propósito positivo en la vida. De acuerdo con su personaje Zaratustra, el ser humano debe convertirse en «creador» a través de su vida para llegar a ser plenamente humano. Sufrirá soledad, su mayor enemigo, pero nunca debe perder su valentía. El ser humano se irá transformando a través de la vida, que a veces es un desierto, siempre hacia una evolución superior.

Todos parecen coincidir en que el individuo se desarrolla a través de un proceso. El crecer en conciencia, que algunos llaman «concientización», lleva al individuo a esa trascendencia que parece obedecer a ese instinto interior del ser humano. El ser humano piensa y sabe que piensa. Eso nos distingue de los animales, que también pueden pensar pero sin darse cuenta. Al saber que piensa, el ser humano es capaz de reflexionar, razonar, y aprender. Aprende a lo largo de su vida a través de esfuerzos y de sus errores la mayor parte de las veces. En ese proceso de aprendizaje, el individuo puede ir definitivamente, trascendiendo por encima de sus instintos y sus limitaciones. El conocimiento y la sabiduría de que nos habla Platón son algo universal para todos los seres humanos en todos los tiempos.

Para entender el propósito de la vida del ser humano, según la opinión de tantos pensadores, no se puede afrontar el problema como un concepto estático. Todos parecen estar de acuerdo en que la vida humana es un proceso verdaderamente dinámico de evolución personal y social. Por lo tanto, el propósito de la vida sólo se podría entender en el contexto de ese proceso. Quizás, la única manera de llegar a una definición del propósito de la vida es estudiar al ser humano a través de sus etapas en la vida. Seguirlo en su vida, cómo crece, aprende, y se entiende a sí mismo, a su mundo, a su universo. Su propósito en la vida seguramente se irá desenvolviendo por sí mismo a través del proceso personal de su vida.

Ese proceso se va desarrollando en cada individuo a lo largo de la vida a través de sus etapas de crecimiento. Desde una niñez casi instintiva a una adultez madura y creciente hacia la sabiduría, el ser humano evoluciona hacia nuevas y más altas dimensiones.

Pierre Teilhard de Chardin, S.J., nos ayuda a entender nuestro proceso de crecimiento en conciencia y sabiduría llamándolo «Proceso de Personalización».

## 3) UN PROCESO HUMANIZANTE A TRAVÉS DE LA VIDA

Pierre Teilhard de Chardin, S.J. nos iluminó el camino para la búsqueda de la felicidad a través del proceso de volverse «persona». Teilhard nos explica que el ser humano se hace consciente a través de sus etapas en la vida. A este proceso de volverse persona él lo llama: «hominización». En este mundo al parecer tan deshumanizado las reflexiones de Teilhard pueden iluminarnos el camino.

El propósito del ser humano en la vida, Teilhard declara simple y llanamente, es: encontrar y obtener la felicidad. Aquí ya tenemos una declaración que nos puede guiar a respuestas personales. Indica Teilhard que esa felicidad no se encuentra «a lo animal» satisfaciendo los apetitos de los instintos. La felicidad en el ser humano envuelve un intrincado diseño de elementos que lo tienen que conducir a una plenitud propia dentro de sus tres niveles de existencia: el personal, el social, y el universal.

La hominización de que nos habla Teilhard va creciendo hasta alturas ilimitadas y termina en espiritualización, o sea en una trascendencia sobrenatural que nos une a un movimiento universal hacia el futuro. El individuo, creciente en conciencia, se va realizando personalmente uniéndose a una evolución universal que termina en Dios, la suprema conciencia de todo ese movimiento universal.

Necesariamente el ser humano debe pasar por las distintas etapas o movimientos en su proceso de personalización que lo dirigirán a descubrir la felicidad. Teilhard llama a estas tres etapas: «Centración», «Decentración», y «Super-centración».

**Centración**: El individuo debe centrarse en sí mismo, conocerse, aceptarse, como racional y emotivo, con sus positivos y negativos, sus potencialidades y sus limitaciones, independiente, pero dependiente de un orden mayor universal. En resumen, en la primera etapa de la vida el ser humano está llamado a una *identificación personal propia*. Esta etapa de la vida puede conformarse con la niñez a través de la cual el individuo se va conociendo y encontrándose a sí mismo. En esta etapa hay un marcado e infantil egoísmo que es claramente necesario en esa primera etapa del crecimiento.

**Decentración**: La «centración» se va produciendo en conjunción con otra fuerza dialéctica: la *«decentración»*. Esta identificación social puede definirse como la integración del individuo con los demás que son sus iguales. El individuo «descubre» a los demás y se da cuenta de que no está solo en la vida, que pertenece a un grupo. Teilhard insiste que el individuo debe aceptar y «amar» a los demás para «hominizarse» y por lo tanto encontrar la felicidad. La decentración supone el darse, incluso sacrificarse por los demás. Paradójicamente, mientras más se dé el individuo a los demás más se encontrará consigo mismo.

En nuestra temprana adolescencia empezamos a encontrar a los demás, a necesitar de los demás, gustar de los demás. Nos gusta ser aceptados, queridos, trabajar en grupo. Necesitamos también que se nos incluya, tener la aprobación de los demás, conquistar y hasta ser admirados. Es un proceso que se caracteriza también por su aspecto utilitario o «económico»: hay que dar para poder recibir. Sin embargo, muchas de estas formas de «identificación social» pueden tener visos abiertamente egoístas. A veces se quiere recibir más de lo que se da. Debemos de reaccionar, dice Teilhard, contra el egoísmo que nos hace encerrarnos en nosotros mismos, o peor, a forzar nuestra dominación sobre los demás. Hay también una manera estéril de amar, la de tratar de «poseer» en vez de darse. Sólo el amor de entrega verdadera es el que llena a plenitud a la persona y lleva a la felicidad.

**Super-centración**: La Centración y la Decentración llevan dialécticamente a una nueva etapa superior de concientizacion: la *Super-centración*. Al individuo llegar y crecer en la adultez se va dando cuenta de que tiene que funcionar en un nivel más alto, si no se podría quedar atrofiado a medio camino. El desarrollarse y conocerse personalmente, el darse a los demás, nuestros iguales, nos lleva a un nivel superior que nos espera: el darnos a algo o alguien más grande que nosotros mismos.

La Super-Centración implica el más alto entendimiento del amor: la entrega personal al universo, a la humanidad, o a un ser supremo, quien lo debe incluir todo.

Este nuevo objeto de nuestra entrega lo incluye todo, lo abarca todo. Teilhard propone que el individuo transfiera el interés máximo de su vida al desarrollo y el éxito total del movimiento evolutivo de nuestro mundo. El centro de nuestras vidas se super-centra en una causa superior unificadora, que respeta nuestra individualidad, sin embargo nos eleva a dimensiones universales. Teilhard identifica este centro supremo con Dios. Afirma que nuestro proceso de conscientización y personalización nos lleva hasta el mismo Dios.

Al llegar a la adultez, el ser humano, se supone, ya está identificado consigo mismo, ha encontrado a los demás y su puesto en la sociedad, es capaz de entender la vida con cierta sabiduría y comprensión. Justamente orientado y maduro, el ser humano empieza ya a actuar, no como el adolescente que busca usualmente aprobación y admiración de los demás, sino fuera de esos límites «económicos» a un nivel superior de libertad verdadera. El individuo super-centrado actúa siguiendo lo que le da satisfacción interior, paz espiritual, y una plenitud que no se puede confundir con el gozo superficial y pasajero. El ser humano super-centrado se da a los demás porque le llena el alma sin esperar aplausos ni alabanzas, por encima de premio o castigo.

Teilhard de Chardin pone al Amor como la fuerza viva de la evolución universal. El Amor mueve al individuo y a la sociedad. El Amor ha movido siempre a la historia de la humanidad con efectos transformantes, capaces de elevar al ser humano a dimensiones superiores e infinitas.

Solamente a lo largo del período histórico del Renacimiento que formó lo que llamamos hoy nuestra cultura occidental encontramos grandes personajes que han dejado huella por su entrega y creatividad. Grandes santos que se negaron a sí mismos por el bien de los demás y mejorar al mundo. En tiempos de grandes crisis Teresa de Ávila, Ignacio de Loyola, Felipe de Neri, sufrieron hasta persecución de la misma Iglesia para encontrar una espiritualidad en un mundo que nacía de nuevo después de la casi destrucción de la civilización occidental por las invasiones bárbaras. Pintores, escultores, arquitectos y científicos renacentistas pusieron al ser humano como designado por Dios a ser el rey del universo.

Mozart, Beethoven, Bach y Hendel nos donaron las más maravillosas composiciones musicales de todos los tiempos que han trascendido todos los límites humanos. Más tarde, científicos como los esposos Curie, amigos personales de Teilhard, que aunque se decían ateos, dieron literalmente sus vidas por la humanidad, super-centrados en algo superior a ellos mismos.

Las huellas de estos grandes nos llegan hoy como señales vivas para seguir en nuestra búsqueda de la felicidad. Aunque también nos llegan desgraciadamente los malos ejemplos de aquellos que se quedaron en el egoísmo de la primera etapa, que si han contado con los demás ha sido para usarlos, esclavizarlos dictatorialmente sin contar con nada ni con nadie: los grandes opresores políticos y sociales de todos los tiempos.

En conclusión, según Teilhard de Chardin, el ser humano es la forma más desarrollada de conciencia en la evolución universal. Y tal parece ser que sólo el ser humano es capaz de entender y expresar el amor en su máxima expresión de sensibilidad, liberalidad y visión interior. El amor es la dirección en la que se mueve la evolución. El amor lleva hacia la unión y la felicidad universal en una más alta dimensión de la realidad. Al evolucionar de la naturaleza a una conciencia espiritual, como aclaraba Carl Jung, el universo descubre el amor como el elemento aglutinador que en su tiempo producirá armonía en la pluralidad de todos los individuos sobre la tierra.

El amor es entonces la dirección personal, social y universal de la evolución. Aunque el amor no se puede medir humanamente, sin embargo, como es una tremenda fuerza espiritual, se puede claramente percibir por sus efectos y resultados. En nuestra vida personal el amor se manifiesta en la *compasión*. La compasión significa sentir e identificarse con los demás, en especial en sus problemas y sufrimientos. La compasión es el efecto del verdadero amor.

La persona que vive la compasión es sensible y humilde. Está activa y amorosamente presente a los demás en sus necesidades. Esta sensibilidad es producto de la síntesis de un conocimiento propio personal y de la experiencia. El individuo se vuelve humilde porque está conciente de sus propias debilidades y limitaciones. La persona compasiva se acepta a sí mismo y sabe que necesita también de los demás. Se siente unida a los demás, unas veces dando, otras recibiendo.

El ser compasivo puede entender los tres niveles del amor que se van descubriendo en la vida uno después del otro: el amor a sí mismo (centración), el amor a los demás (decentración), y el amor al Dios y al universo (super-centración).

La compasión, al estar basada en el amor, implica un conocimiento interior auque práctico de la *justicia*. No puede haber amor si no hay justicia. La justicia debe lograrse primero como actitud básica. Después viene el amor. Sin embargo, parece ser que la justicia debe aparecer como la consecuencia del amor bien entendido y a su máxima expresión: la compasión.

*Pierre Teilhard de Chardin parece habernos dado ya una respuesta a nuestra búsqueda a la felicidad a través de un proceso de personalización. Nos ha señalado un propósito de la vida que nos aclara sus tres niveles, el personal, el social y el universal. Nos ha incluido a todos y a cada uno en un movimiento evolutivo y fascinante hacia una trascendencia más allá de nuestra propia imaginación. Sin embargo, entendemos que el pensamiento de Teilhard viene de una toma de conciencia venida desde los orígenes del ser humano en el mundo. La visión de Teilhard se puede encontrar en la historia del pensamiento occidental desarrollándose por miles de años.*

*Conviene, entonces, seguir remontándonos más al pasado, y estudiar cómo las civilizaciones antiguas indagaron sobre las preguntas fundamentales del ser humano. Puede ser que sus respuestas nos enseñen por dónde lanzarnos en la búsqueda de la felicidad.*

## 4) LA BÚSQUEDA DE LA FELICIDAD EN LAS CIVILIZACIONES ANTIGUAS

Desde el principio de la historia humana el ser humano ha tratado de encontrar respuestas a las mismas preguntas fundamentales sobre la vida. Estas mismas preguntas se mantienen actuales a través de todos los tiempos y nos llegan también ahora. Desde que el ser humano llega a crecer en conciencia se pregunta lo mismo: ¿Existe un propósito en la vida? ¿Tiene el ser humano verdaderamente un propósito en la vida?

La mayoría de las civilizaciones antiguas trataron de entender y explicar de diversos modos esas preguntas fundamentales de los seres humanos sobre el misterio de la vida.

Casi todas las civilizaciones antiguas parecen encarar a la vida con un punto de vista pesimista. Esta negatividad era lógica al encontrarse el ser humano indefenso y vulnerable ante la vida y su existencia. Siempre luchando hasta contra los mismos elementos de la naturaleza o contra el egoísmo y opresión de los unos y los otros, el ser humano parece estar siempre sometido y oprimido por todo y por todos. Casi siempre aparecerá como víctima de los dioses con un designio fatídico. Por otra parte el sufrimiento y la muerte, que siempre están presentes como contradicción a la vida, no parecen tener ningún sentido y siembran el desánimo y el pesimismo en todas las manifestaciones del ser humano.

Sin embargo esas civilizaciones seguían haciéndose preguntas fundamentales. No cesaban de investigar y razonar sobre el misterio de la vida. Desde las primitivas pinturas del hombre de las cavernas hasta las imponentes pirámides en Egipto. En las misteriosas sonrisas de las Korés y el sofisticado arte de los griegos. Siempre han aparecido respuestas e interpretaciones sobre el sentido de la vida.

---

*Escojamos, de entre las civilizaciones antiguas, a la griega con que tanta familiaridad tenemos en nuestra civilización occidental, ya que el imperio romano al absorberla la llevó a ser fundamento de nuestra historia. Estudiemos también la civilización babilónica, que nos aportó la escritura con que fuimos capaces de comunicarnos por primera vez en la historia. Estudiemos la civilización hebrea que aportó a la historia una nueva visión espiritual universal. Aunque no debemos ignorar la riqueza de las civilizaciones orientales, nos vamos a concentrar en estas tres civilizaciones, primeramente porque de ellas nos han llegado extensos documentos literarios. En segunda, porque éstas han aportado indudablemente las mayores contribuciones a nuestro pensamiento occidental, y a lo que llamamos «mundo de hoy».*

---

## 5) LA CIVILIZACIÓN GRIEGA
*El ser humano contra la arbitrariedad de los dioses.*

Los griegos, en la cúspide de su grandeza de pensamiento, filosofaron acerca del propósito de la vida. Aristóteles y Platón discurrían con la aristocracia griega sobre esas preguntas fundamentales del ser humano. Mientras Esquilo y Sófocles ofrecían al pueblo un alivio catártico a través de sus tragedias, Eurípides fue más allá, llevando a todos una nueva idea de democracia que empezaba a despuntar en Grecia. Eurípides llevaba las preguntas filosóficas a través de sus tragedias con temas «domésticos» al sujeto común del pueblo. Muchas veces las respuestas a sus preguntas venían inexplicablemente de lo alto (deus ex machina) pero siempre los griegos con sus tragedias mantuvieron masivamente vivas esas preguntas. Se presentaban al pueblo en los problemas de la clase media como por ejemplo en «Medea» en el drama de su vida, o en tragedias de los héroes míticos que forjaron el orgullo y el honor de toda una civilización.

Los griegos desafiaron abiertamente el designio de los dioses hasta el límite. Sus mitos aparecen tremendamente humanos. Ellos habían tenido la osadía de vestir a sus dioses con pasiones humanas. Sus virtudes y sus vicios se conformaban también como dioses casi alcanzables por los seres humanos.

La cultura griega contribuyó más que ninguna a la búsqueda humana del propósito en la vida. Con una filosofía desarrollada en su vida práctica parece que podían lidiar con la cruel realidad de la existencia tan vivamente dramatizada en sus tragedias. Su punto de partida era la inseguridad humana. Los seres humanos se rebelaban contra sus dioses, pero siempre estos ganaban la partida. Los dioses los castigarían por la menor infracción a sus designios. La tragedia de Edipo, es un buen ejemplo. No importa que Edipo haya sido extraordinariamente inteligente, noble y bueno. Salvó a su pueblo adivinando el curioso acertijo que le daba la esfinge. Había sido un héroe. Sin embargo, por los arbitrarios designios de los dioses, Edipo cae en desgracia y destrucción.

En el mito de Prometeo observamos el mismo fatalismo. Prometeo se apodera del fuego de Vulcano para devolverlo a los humanos a quienes pertenecía. Su proeza significaba una real e importantísima adquisición para el desarrollo de la humanidad. Sin embargo, Prometeo es torturado con el más horrible de los castigos.

Electra es «usada» por los dioses para hacer justicia por el asesinato de su padre Agamenón. Su obsesión impuesta por los dioses la hace una trágica esclava de pasión y venganza.

El pueblo griego desarrolla y elabora una filosofía de vida capaz de poder sobrevivir las tragedias de la vida. Encuentran la función liberadora del conocimiento y la sabiduría. Los griegos inexplicablemente encuentran un arma para defenderse y aliviar su sufrimiento: la solidaridad fraterna.

Esta solidaridad humana está simbólicamente expresada en el teatro griego. Su filosofía es «cantada» por el coro, quien invita y educa a la audiencia en la sabiduría. Los espectadores de las tragedias son invitados, no sólo a simpatizar, sino también a compartir el sufrimiento con los héroes trágicos que confrontan su destino irrevocable. A través de esta fraternidad humana y solidaridad, enfrentados a la trágica condición humana, la gente se hacía más consciente de una actitud a que se debe llegar frente a los dioses y a la vida.

Aparte del propósito acústico arquitectónicamente hablando, la forma física del teatro sugiere esa solidaridad del público que abraza a sus héroes en el escenario. El coro, en la «orchestra» reflexiona, refleja, lo que está pasando en el escenario, y excita comprensión y compasión en los espectadores hacia los personajes de le tragedia. A veces el coro ofrece consejos prácticos tanto a los personajes de la tragedia como al público. El principio esencial de estos consejos es usar la sabiduría para educarse cada uno y no traspasar los designios de los dioses y no provocar su ira. En otras palabras, aprender a no irse más allá de sus límites, de lo contrario, como en sus tragedias y mitos, la ira de los dioses es implacable, castigando no sólo al arrogante y culpable, sino también al bueno e inocente. Los seres humanos son siempre perdedores y víctimas. Tanto la naturaleza como los dioses parecen estar en contra de ellos de una manera u otra.

## 6) LA CIVILIZACIÓN BABILÓNICA
*El ser humano víctima de los dioses.*

Antes que los griegos, los babilonios habían estado ya expresándose con los mitos en forma literaria durante varios siglos. En el período justo antes de la invención del lenguaje escrito, declara Thomas Cahill, en los sumerios de los cuales descienden los babilonios, ocurre una explosión tecnológica comparable a la de los siglos diecinueve y veinte de nuestra era. En este período histórico hubo una expansión de comunidades agrícolas con innovaciones tanto en agricultura como en pastoreo en una vasta región verde regada por los ríos Tigres y Éufrates. Esto causa el desarrollo del transporte por medio de la rueda y la navegación a vela. Se inventa el horno por el que se desarrolla la metalurgia y la alfarería que aparecen en poco tiempo una de otra. El barro cocido da origen a las tablas que servirán para la escritura. Los sumerios son los primeros que elaboran métodos de construcción por los cuales el ser humano se aventura a construir más allá de las simples viviendas a erigir vastos edificios para sus empresas y ritos. Por primera vez aparece la escultura monumental en piedra, los relieves, el molde para ladrillos, el arco, la bóveda y el domo. Esta serie de expresiones y creaciones hacen posible por primera vez el intercambio comercial y por lo tanto la gran concentración de habitantes, posesiones y riquezas. El almacenamiento casi gigantesco de productos y mercancía, donde se necesitaba hacer inventarios y calcular cantidades, quizás aniquilan a nuestro anónimo descubridor a soñar con la escritura.

En el tiempo en que la primera palabra escrita fue labrada en una pequeña tableta de barro, los sumerios fueron capaces de dominar toda la Mesopotamia. Desde allí llegan con fuertes tratados comerciales y ocasionalmente influencias políticas que llegaron tan lejos como al valle del Nilo al norte del Africa y el valle del Indus en el lejano oriente.

Gracias a la arqueología hemos podido encontrar el grado de refinamiento a que llegaron los sumerios en sus veinte y cinco ciudades-estados a lo largo de esos dos ríos. Una de ellas, la primitiva Babilonia. Desde allí los sumerios descubrieron las matemáticas y la medicina. Desde allí escribieron sus mitos y dieron forma a su religión y creencias. En esas tablas de barro encontradas aparecen registradas transacciones comerciales e inventarios mercantiles, pero también nos ha llegado el poema de Gilgamesh, héroe mitológico, el más poderoso de los reyes, gran guerrero y modelo de todos los hombres de la tierra, que sufrió a lo largo de su vida bajo los designios de los dioses.

Las historias sobre Gilgamesh eran ya populares entre los sumerios en el tercer milenio A.C. Cientos de años más tarde escribas babilonios alrededor de los años 1750 A.C. repiten y revisan esas historias que se convierten en el poema épico «Gilgamesh» que se descubre y se conserva en la biblioteca de Asurbanipal.

El poema épico de Gilgamesh canta el aventurero impulso del ser humano (Gilgamesh) y su trágica búsqueda de una inmortalidad que finalmente le es inalcanzable. El protagonista busca una respuesta que le lleve a la victoria sobre en sufrimiento y la muerte. Gilgamesh termina frustrado y vacío. Hasta en un momento se pregunta si los dioses no habrían estado celosos de su profunda amistad con Enkidú, cuya muerte él llora desconsoladamente. Al final del poema, Gilgamesh aparece sentado desnudo y frustrado al lado del río. La corriente del río le había arrebatado la ramita de oro que le hubiera devuelto la vida a Enkidú. Gilgamesh, después de esa incesante búsqueda de la felicidad y la inmortalidad, llora y se queja a los dioses. Les echa en cara que ellos son los únicos que «bajo el sol» pueden vivir la felicidad. Para la humanidad sólo existe la muerte. Todo aquello que se ha logrado en la vida no se convierte más que en viento...

La conclusión es que la humanidad tiene solamente un trágico destino. Gilgamesh ha representado todo lo positivo y de valor que el ser humano «cultiva» durante su vida con espíritu de esperanza. Esa esperanza se contradice con su inevitable y trágico destino.

Otro antiguo poema babilónico, «Enuma-Elish», que fue encontrado también en la biblioteca de Asurbanipal, y posiblemente escrito en el siglo diecinueve A.C. alude también a las preguntas del ser humano sobre la vida.

El *Enuma-Elish* recuenta el principio de la creación que está sometida a dos fuerzas contradictorias. Seiscientos dioses que defienden el bien se enfrentan a otros seiscientos dioses que defienden el mal. Este combate de gigantes mantiene al mundo en constante zozobra y agonía. La vida es una constante lucha sin sentido ni razón. La batalla entre las fuerzas del bien y del mal sólo llega a envolver al ser humano como víctima.

Mardouk, el dios supremo que parece dominar desde lo alto, no puede hacer nada contra las fuerzas del mal, enemigas de los seres humanos. Este dios que se considera superior a los demás tiene, sin embargo, las manos amarradas a su espalda y aunque quiere ayudar no puede salvar a los seres humanos del mal, del sufrimiento, y de la muerte. Los seres humanos cantarán a Mardouk sus improbables victorias y ofrecerán sus hijos y vírgenes en sacrificio para aplacar a los dioses malos, quienes los siguen castigando y haciéndolos sufrir.

Tanto en el *Gilgamesh* como en el *Enuma-Elish* el ser humano aparece siempre como el perdedor. No importa si es bueno, fuerte, hermoso, justo y amable, si está entregado a luchar por liberar al oprimido en contra del más cruel y monstruoso de los dioses. Gilgamesh, el ser humano común, encuentra que la vida es un desilusionante desierto. El ser humano sobrevive tenuemente, víctima de esos dioses crueles; oprimido e impotente por todas las desgracias de la vida, con pocas esperanzas de un futuro trascendente.

Quizás, el único consuelo sacado como moraleja, sea la amistad y fraternidad de los seres humanos sugerida en la íntima amistad entre Gilgamesh y Enkidú, que inclusive había sido cortada por los dioses.

En conclusión, según el pensamiento de estas civilizaciones como la griega y la babilónica que influyeron marcadamente nuestra historia, los seres humanos tienen pocos elementos de consuelo que esperar en la vida. Sólo la fraterna solidaridad humana y las pocas y efímeras victorias concedidas por alguno que otro dios amigo pueden traer alguna esperanza de felicidad y ésta, también efímera.

A pesar de estas pequeñas consolaciones se levanta la dolorosa y enorme realidad del trágico destino de la humanidad: su progresiva e inevitable destrucción que termina en la corrupción de la muerte.

*Como hemos observado, la mayoría de las civilizaciones antiguas presentan una poco esperanzadora visión de la vida y un no muy claro propósito de para qué vivimos. El problema del sufrimiento y la muerte se convierte en bloque irrebasable para encontrar ninguna teoría sobre un positivo propósito en la vida. Sin embargo, todas las civilizaciones concuerdan en que existe algo positivo en la vida. Hay siempre un básico deseo de llegar a una sabiduría humana que implica transformación interior y que lleva a los seres humanos a convivir más integrados a la vida y al universo.*

### 7) LA CIVILIZACIÓN HEBREA
*Una visión positiva insólita.*

Casi al mismo tiempo que estas civilizaciones presentaban esa visión pesimista de la vida, un autor, que también se consideraba mortal y sufriente, tiene la increíble audacia y convicción de fe para cantar con alegría a su dios en un salmo:

> ... pues tú no darás mi alma a la muerte,
> ni dejarás que se pudra tu amigo
>
> (Salmo 16: )10

Con una refrescante y nueva visión sin precedentes en la historia, el pueblo hebreo, conciente también de las fuerzas conflictivas que parecen regir la historia, afirma algo contrario a todas las demás civilizaciones. Y no es que los hebreos autores de la Biblia estuvieran ignorantes o fueran tontamente pueriles acerca de la realidad y debilidad del ser humano. El pueblo Hebreo estaba también en contacto con la trágica desolación del ser humano en este mundo. A pesar de su propia historia que se remonta al 1850 A.C., llena de tragedia, cautiverio, fracaso, y frustración, el pueblo Hebreo ofrece una sorprendente visión positiva y esperanzadora de la vida. Ellos afirman y proclaman con convicción que la vida está definitivamente dirigida a un logro positivo.

> ...entonces los ojos de los ciegos se despegarán,
> y los oídos de los sordos se abrirán,
> los cojos saltarán como cabritos,
> y la lengua de los mudos gritará de alegría,
> porque en el desierto brotarán chorros de agua,
> que correrán como ríos por la superficie.
>
> (Isaías, 35: 5-7ª)

La salvación es el fin de esta vida y la esperanza es la ayuda y compañía del sufriente, porque Dios ha ordenado todo hacia el bien. Porque Dios no hizo la muerte, y no le gusta que se pierdan los vivos. Él creó todas las cosas para que existan; las especies que aparecen en la naturaleza son medicinales y no traen veneno ni muerte. La tierra no está sometida a la muerte, pues el orden de la justicia está más allá de la muerte.

> (Sabiduría 1: 13-15)

Estas aserciones son insólitas entre las antiguas civilizaciones. La dirección de la vida, de acuerdo a la visión de los hebreos en la Biblia es positiva y llena de esperanza en medio de los conflictos y crisis de la creación. ¡Habrá paz en la tierra, y no más caos, daño, y destrucción! ¡Hay esperanza para el ser humano y la creación!

> El lobo habitará con el cordero,
> el leopardo yacerá junto al cabrito,
> el ternero comerá junto al león,
> y un niño pequeño los guiará.
> La vaca y el oso pastarán en compañía,
> y sus crías reposarán juntas,
> pues el león comerá pasto como el buey.
> El niño de pecho jugará sobre el nido de la víbora,
> y en la cueva de la serpiente el pequeñuelo meterá su mano.

> No cometerán el mal ni harán daño a su prójimo,
> en todo mi Cerro santo,
> pues como llenan las aguas del mar,
> se llenará la tierra del conocimiento y la sabiduría de Dios.
>
> (Isaías 11: 6-9)

¿De dónde viene esta visión tan distinta y particularmente única? Muchos autores concuerdan en que esta visión positiva de la vida les viene a los hebreos de una íntima y profunda experiencia de ese Dios Viviente, como ellos lo llaman, al que ellos han ido descubriendo a través de su historia. La intensidad de esa experiencia es de tal magnitud que les ha hecho abiertamente contradecir su propia experiencia humana de sufrimiento y muerte, y contradecir las afirmaciones de todas las otras religiones y civilizaciones de las cuales vivían rodeados. El clímax de este descubrimiento es su propia creencia en un único, todopoderoso e infinitamente misericordioso Dios, autor y amigo de una creación que Él mismo ha hecho por voluntad propia.

En los años 700 A.C. y siguientes, el pueblo hebreo se siente tan seguro y convencido de su hallazgo que se ve impulsado a llevar esta visión positiva fuera de su propia historia y llevarla a la historia de toda la humanidad. Es entonces cuando los sabios hebreos escriben la Biblia, que se había transmitido hasta entonces sólo de palabra de generación en generación. Con una visión universal los hebreos ofrecen su respuesta a todos en el mundo.

Es curioso que este fenómeno social comience a ocurrir entre los años 500 y 400 A.C. durante la cautividad en Babilonia cuando los hebreos están en tiempos de vergüenza y no de gloria. Este era indudablemente para ellos un tiempo de reflexión y de madurez. Es un tiempo de sabiduría para el pueblo hebreo que reflexiona en su pasado. Los profetas, los sacerdotes, y los sabios, toman toda esa tradición oral y la componen como historia viva a la luz de la apertura de conciencia que ahora poseen. Se sienten obligados a compartir esta visión tan asombrosa de la vida con sus generaciones futuras y también con todas la demás civilizaciones con quienes estarán en contacto. El pueblo hebreo se ha estado transformando con una sabiduría que abarca lo universal. Y todos deben conocer la historia de esa increíble relación de amistad entre Dios y ellos, el pueblo escogido. Todos tienen derecho a saber su peculiar interpretación del misterio de la vida y del universo a la luz de esa relación que ellos han encontrado entre Dios y el ser humano universal.

Sin lugar a dudas, la historia, a través de siglos de experiencia humana, nos ha aportado respuestas e interpretaciones en cuanto al propósito de la vida y las preguntas fundamentales que nos proponemos los seres humanos al ir creciendo en razón y conciencia.

Algo que nos sorprende es el deseo del ser humano, en todas las civilizaciones y en todos los tiempos, de vivir y ser feliz, a pesar del sufrimiento y la muerte. Tenemos una necesidad innata de trascender, más allá de nuestros límites físicos y naturales.

Todas las civilizaciones antiguas trataron de contestar las preguntas fundamentales de los seres humanos. Aunque una visión negativa y fatalista caracteriza a la mayor parte de ellas, estas civilizaciones siempre encuentran respuestas, en su mayor parte ideales de fantasía, para escapar del aparente terrible destino del ser humano. Sin embargo la refrescante e insólita respuesta del pueblo hebreo no parece ser un escapismo de la realidad. La profundidad de la respuesta hebrea nos debe inquietar, intrigar, y hacernos investigar.

No podemos ignorar que la respuesta de los hebreos, a través del Cristianismo, marcó el pensamiento de la civilización occidental al insertarse en el imperio Romano en el culmen de su dominación. El ser humano occidental se ha desarrollado y sigue desarrollándose hacia el futuro con esa visión positiva de la vida personal, del mundo y sus pueblos, y del misterioso universo.

*Investiguemos, pues, en la historia del pueblo hebreo y en ese singular documento que ellos nos dejaron, al registrar en la Biblia cómo fueron descubriendo esa visión positiva de la vida.*

## 8) UN DOCUMENTO HISTÓRICO ÚNICO
*Un documento histórico sobre el ser humano en evolución.*

La Biblia registra no sólo las experiencias de una civilización en crecimiento, sino también las reflexiones en esas experiencias. Es una excepcional obra de literatura, pues cubre siglos de desarrollo histórico de un pueblo. Lo que se había transmitido en forma oral de generación en generación se va a ir fundiendo y finalmente se escribirá todo en un solo libro. Las historias que contiene son primeramente enseñanzas escritas de más de 2000 años, en distintos estilos literarios y ricas en imágenes para expresar mejor su sentido y significado.

La Biblia es un documento único, sin precedentes, y sin paralelo. La mayoría de las historias de las grandes civilizaciones antiguas usualmente estaban grandemente influidas por sus líderes políticos y jefes de estado, a cuyas órdenes los historiadores hacían su trabajo. Estas historias casi siempre se escribían y registraban en tiempos exitosos de esas civilizaciones, momentos gloriosos que ellos querían preservar para la posteridad.

El documento de los hebreos, por contraste, está escrito en el lenguaje de las diferentes clases sociales, desde el ciudadano común o «anawim», hasta sus líderes, los jueces y reyes, desde sus valientes mujeres como Judith y Esther hasta sus amas de casa rurales como Noemí y Ruth. La Biblia expresa también los pensamientos de sus poetas y la ingeniosidad práctica de sus líderes. Nos habla de sus conquistas militares (usualmente modestas) pero también de la vergüenza de sus derrotas. De sus tiempos de riqueza y gloria, como también de sus tiempos de ignominiosa esclavitud y cautiverio.

Por eso la Biblia constituye un objetivo y verdadero testigo del crecimiento y desarrollo de una civilización.

Pero la característica más peculiar de esta historia hebrea es el proceso de *reflexión* que se produce dentro del mismo documento escrito. La historia de los israelitas en sí misma revela el crecimiento en conciencia de todo un pueblo al marchar a través de la historia reflexionando sobre su propio pasado. La Biblia es una verdadera fuente antropológica al describir el curso hacia el futuro del ser humano concreto, viviendo en grupo.

Este «grupo» que constituye el pueblo hebreo tiene características muy especiales. Hay una fusión entre los elementos nacionales (étnicos) y los elementos religiosos. Su desarrollo no es solamente hebreo. Existe una lenta evolución gradual desde el hebreo nómada del tiempo de los patriarcas, pasando por la sociedad más organizada de los Jueces y los Reyes, hasta la sociedad judía después del exilio.

Las influencias y los caracteres asimilados de otras muchas civilizaciones vecinas con quienes ellos tuvieron contacto no pueden tampoco ser pasadas por alto. Un ejemplo es el del pueblo egipcio. Esas influencias ya aparecen integradas en su propia civilización y no se podrían ya aislar ni extraer de ese proceso histórico.

Antropológicamente, el desarrollo documentado en la Biblia va evolucionando y los grupos se van subdividiendo y hasta oponiéndose unos a otros durante su historia en el Antiguo Testamento y hasta después. Quizás el ejemplo más dramático ha sido en la era cristiana cuando una bifurcación radical ocurre entre la corriente judía y la corriente judeo-cristiana. El cristianismo va a continuar ese proceso evolutivo en el Nuevo Testamento bajo una luz nueva, pero básicamente en la misma tradición.

No es tan fácil entender la Biblia en sí como una sola obra, porque es un libro escrito por muchos autores de diferentes mentalidades y estilos. Para seguir la Biblia ayudaría entender la importancia del lenguaje y los estilos literarios. No debemos olvidar que es una *civilización oriental*. Los modos de expresión del Oriente pueden ser totalmente diferentes a los del Occidente, especialmente 25 o 30 siglos más tarde.

Esta consideración es muy importante para entender el concepto de historia de un pueblo oriental de la antigüedad que puede ser diferente de nuestro concepto moderno de hechos narrados que llamamos historia. El modo oriental de expresión puede ser más flexible con expresiones literarias *alegóricas* que en nuestra mentalidad occidental nunca aceptaríamos como verdad histórica.

El estilo «midrashic», frecuentemente usado en el Antiguo Testamento y en algunas partes del Nuevo, es otro problema para aclarar. *Midrash* consiste en una reflexión basada en algún mínimo evento histórico, con una reconsideración de algún evento de las Escrituras anteriores. Esta reflexión está diseñada para expresar un significado especial o transmitir un mensaje que no tiene por qué ser estrictamente histórico. La importancia está en el *mensaje* propiamente y no en el hecho histórico concreto.

Otro punto importante que se debe tener en el estudio de la Biblia es el uso de las imágenes. Estas historias se fueron transmitiendo por cientos de años por tradición oral, por lo que tenían que ser simples y cargadas de vivas imágenes. El propósito era llevar el mensaje claro y que no se olvidara fácilmente.

Debemos darnos cuenta, también, de que la psicología es una ciencia moderna, por lo tanto sería muy difícil para los antiguos el expresar en palabras los estados anímicos de las personas, a menos que estos fenómenos psicológicos fueran expresados en coloridas imágenes. ¿Qué imagen mejor se podía dar para expresarnos la depresión psicológica gado por una ballena, después que huye de su llamado y su deber?

En conclusión, la Biblia como documento del testimonio histórico de seres humanos como grupo creciendo a través de siglos de experiencia, tiene que constituir un verdadero instrumento en nuestra búsqueda de respuestas a las preguntas fundamentales de la vida. Aunque en estilos literarios diferentes, la Biblia nos trae una interpretación universal de la vida válida también en el mundo de hoy.

Hoy y siempre podremos usar la Biblia como un manual para seguir cada uno el proceso de *conscientización* durante la vida, encontrar el propósito de nuestra existencia en esa evolución personal, la posibilidad de ser libres a través de ese proceso, nuestra responsabilidad en el éxito o fracaso de nuestra vida, y finalmente encontrar la felicidad a que todos sentimos ser llamados.

## CONCLUSIÓN PARTE I

En nuestra búsqueda de la felicidad hemos topado con el pensamiento de escritores recientes que en medio de la superficialidad aparente del mundo moderno han logrado hacernos reflexionar sobre la vida. Nuestra civilización occidental ha estado descuajada de la interiorización que las civilizaciones orientales han sido capaces de desarrollar. El fenómeno de la civilización hebrea inyectando su fe y su visión en el pensamiento occidental nos tiene que llevar a reflexionar lo que esto significó para la historia.

El pueblo de Israel en aquel tiempo era definitivamente oriental en su manera de pensar. El uso de alegorías, sueños, una determinada intuición basada en la interiorización, eran cualidades orientales. La civilización occidental basada principalmente en el pensamiento grecoromano era principalmente racionalista, pragmática, y preocupada por las definiciones esenciales. El choque tiene que haber sido considerable. A través de los años de civilización occidental, principalmente la europea, podemos analizar el enriquecimiento de la mentalidad occidental con la mentalidad oriental judía.

Necesariamente tiene que haber ocurrido una síntesis maravillosa al integrarse las dos mentalidades. Sin embargo, el daño causado por la mentalidad occidental al tratar de «integrar» la fe venida de la civilización hebrea es palpable en la historia. Esa fe de interiorización se tuvo que ver rápidamente interpretada en términos racionalistas. Los descubrimientos espirituales de una nación a través de los siglos perdieron fuerzas al chocar con el occidente, especialmente con el poderoso Imperio Romano, heredero del pensamiento griego.

---

*Por este motivo, debemos profundizar en aquella tradición que nos trajo la única visión verdaderamente positiva de la vida. Esa visión que nada ni nadie nos han podido quitar en nuestro pensamiento occidental. Sigamos ahora al pueblo hebreo en el Antiguo Testamento para tratar de entender su proceso histórico y el porqué de esa visión insólita que nos ha traído* **la esperanza** *a la humanidad entera.*

*Nuestra curiosidad nos llevará a conocer las distintas etapas por las que fue evolucionando el pueblo de Israel. Veamos si podemos descubrir qué lo hizo encontrar esa actitud de vida, donde la fe y la esperanza juegan un papel principalísimo. Llamémoslo «Israel», en singular, como lo llama la Biblia. Acompañémoslo a él que puede representar al ser humano en general a través de sus experiencias de crecimiento en conciencia y sabiduría. Quizás él nos ayude a descubrir el camino a la felicidad.*

# PARTE II

# UNA HISTORIA DEL SER HUMANO CRECIENDO EN CONCIENCIA

La Biblia documenta a la vez el crecimiento y desarrollo de una civilización, y también el crecimiento dinámico del individuo dentro de esa civilización. El «ser humano en la Biblia», Israel, descubre y se hace consciente de su propia realidad y también de la realidad universal que lo rodea y lo incluye.

A través de distintas etapas Israel crece y madura en dimensiones más profundas o elevadas, como quiera que las queramos llamar. Israel va integrando su experiencia y reflexión en un proceso dinámico que lo va haciendo encontrar respuestas más maduras acerca de su propio propósito en la vida, y más todavía, del propósito de la creación universal. Los estudios sobre Antropología Bíblica de Gilles Cusson, S.J., han sido reconocidos por el Instituto Bíblico de Roma como la interpretación que más encuentra la sustancia de la Biblia. Usaremos esta interpretación antropológica que nos explica cómo el pueblo de Israel va descubriendo poco a poco esas respuestas tan distintas a las de los demás pueblos. Al fin y al cabo la Biblia fue escrita por seres humanos en su propia historia y aunque creamos en la Revelación de Dios, él mismo parece respetar la libertad humana y su «inspiración» a los autores de la Biblia siempre respeta la mentalidad de los distintos tiempos y épocas de la historia humana. Recorriendo esa trayectoria en el contexto de esta civilización tan peculiar encontraremos sin duda nuestras propias respuestas.

De acuerdo con Cusson existe una obvia evolución en la conciencia del pueblo de Israel. A través de su historia la conciencia religiosa y nacional se desarrollan entrelazadas en un proceso que empieza con *el individuo* como punto de partida. El proceso comienza con los Patriarcas, Abraham, Isaac, Jacob, y Moisés, y se va moviendo hacia *la colectividad*: el pueblo de Israel que se «hace» pueblo a través del desierto. De esa conciencia de colectividad se va desarrollando después, como pedagógicamente, una *conciencia personal* que ha nacido de la comunidad. El individuo, reflexionando en su pasado, la historia de su pueblo y de la humanidad, descubre gradualmente su propio propósito en la vida. Ese propósito que como hemos visto es el único con un sentido positivo en la historia de las civilizaciones antiguas. Los Profetas ayudarán a producir ese crecimiento espiritual de conciencia personal tan insólito en aquellos tiempos y en tan difíciles circunstancias.

La historia de Israel se va desarrollando de lo *nacional* hacia lo *universal* como producto de la evolución de conciencia a través de esas etapas históricas. Al mismo tiempo el individuo, por su reflexión personal, aprende a convertirse en persona espiritual en un proceso que termina en «el ser humano universal».

Este proceso se ha iniciado con una conciencia individual reflejada en **los Patriarcas**. Cada uno de ellos tiene una experiencia de creciente conocimiento de Dios. Por esa experiencia individual los Patriarcas van comprendiendo su propio papel y su misión en el universo. Especialmente en Abraham y Jacob, la experiencia no es estática sino dinámica, va creciendo y haciéndolos cada vez más *íntimos* respecto a Dios y unidos a sus designios. Los Patriarcas son las figuras más importantes en esa enseñanza de la creciente relación entre Dios y el ser humano. El ser humano se va dando cuenta, entendiendo verdades, creciendo en conciencia poco a poco a través de su vida y su historia. La Biblia, de una manera excepcional, va documentando esa historia para la posteridad.

Los Patriarcas se vuelven tan convencidos de lo singular de su Dios que desde ese momento toda su historia, social, política y personal, estará siempre centrada en ese Dios.

La historia Judía se desarrolla y se va explicando históricamente, de los Patriarcas hacia el pueblo como un fenómeno nacional y social. Es curioso cómo la fe individual de los Patriarcas se convierte en la fe nacional de su pueblo en su Éxodo con Moisés a través del desierto. En la prueba del desierto se forma la Comunidad, la Nación de Israel.

El proceso continúa con la aparición de **los Profetas**. Ellos vienen para crear y despertar conciencia en tiempos en que tal parece que la conciencia personal y del pueblo se han estancado al asentarse en la «tierra de promisión». Los profetas vienen a despertar la responsabilidad personal. Vienen, o son mandados, a ayudar a la gente a ser consecuentes con su compromiso y entrega a Dios en su relación personal con ese Dios, y en su relación con los demás.

Este nuevo crecimiento de conciencia parece ser entendido finalmente en una nueva etapa histórica, en la era de **los Sabios** de Israel. Estos son capaces de expresar ya en dimensiones universales, la fe que han heredado de los Patriarcas. Los Sabios expresan esa fe en términos más maduros y hasta humanísticos. En los llamados «Libros de la Sabiduría» o Sapienciales, recogidos en la Biblia, los Sabios parecen integrar toda la historia de Israel en un solo y claro mensaje positivo de vida y esperanza para toda la humanidad.

*Pudiéramos aplicar el proceso de personalización que estudiamos en Teilhard de Chardin al proceso histórico del Pueblo de Israel. Encontraríamos sin duda una pauta a seguir en nuestra propia búsqueda de la felicidad. Tanto en ese proceso histórico de Israel como en el proceso desarrollado por Teilhard hemos encontrado argumentos particularmente interesantes que nos pueden guiar en esa búsqueda que nos hemos propuesto.*

## 9) CENTRACIÓN

*«Israel» se va conociendo a sí mismo mientras va conociendo a Dios, su protector.*

*ABRAHAM*
*Creciendo en confianza de sí mismo, de su Dios, y de su responsabilidad universal.*

La historia de Abraham, indudablemente, fue compuesta en estilo «midrashic», como ya estudiamos, basada en una realidad histórica pero «floreada» con pintorescos detalles propios del tiempo y la cultura de entonces. Abraham, un arameo errante, vivió en el siglo diecinueve Antes de Cristo, quizás alrededor del año 1850 A.C. Emigró de Ur, en

Caldea (nuestro Iraq de hoy), remontándose río arriba por el Éufrates hacia la región de Canaan. (Gen. 15:7)

Abraham creía en un Dios ancestral que era más poderoso que los otros dioses. Cusson defiende la teoría de que la revelación de Dios sigue la evolución natural del ser humano *sin forzar* sus fines. Al crecer en conciencia sobre su vida y sus experiencias en el mundo, el ser humano recibe esa revelación de Dios, que ya estaba actuando en la creación, en una evolución personal y universal. Abraham se da cuenta de un Dios Supremo que se le ha estado revelando.

La concepción oriental de la historia nos hace entender que una multitud de imágenes y conceptos simbólicos son usados para expresar una idea. Muchas de estas descripciones visuales pueden expresar, seguramente, estados psicológicos, o experiencias interiores reflexivas en la mente de los Patriarcas, que no tienen por qué describir un suceso real y objetivamente concreto.

Abraham comprende que Dios se le está comunicando. Se establece un diálogo entre los dos en el que la relación parece ir creciendo en un proceso de continuos descubrimientos a través de un comprender cada vez más profundo. El *pacto de alianza* entre Yahweh y Abraham es como el punto de partida, el principio de una gran amistad que será centro y eje de la historia de Israel. Abraham recibe el llamado a arriesgar todo y dejar todo su pasado atrás para buscar una nueva tierra que su Dios le enseñará. Y Yahweh le hace una promesa. Esta Promesa marcará para siempre la historia de Israel. «Haré de ti una gran nación y te bendeciré; voy a engrandecer tu nombre, y tú serás una bendición... en ti serán bendecidas todas las razas de la tierra» (Gen. 12: 2-3). Abraham se siente arrobado de alegría y humildad por ese honor recibido. Dios le promete un hijo como principio de la realidad de esa promesa.

Sin embargo, la realización de esa promesa tiene sus conflictos y barreras. Los episodios que se suceden con Sara, su vieja y estéril esposa, sólo se pueden explicar con esa visión oriental de la historia y en el contexto de una sociedad primitiva de esos tiempos.

En Egipto Abraham comprueba que su Dios es más poderoso que los dioses egipcios con el episodio de Sara, a quien él entrega como su hermana para que no lo maten. Por muy hermosa que fuese Sara a los setenta años, como le atribuye la narrativa, no tiene sentido que los egipcios la desearan como mujer. Entendemos también que las edades en la Biblia podían ser meramente simbólicas, en este caso, para expresar la esterilidad de Sara (Gen.12: 10-20).

En el episodio del intento de sacrificio de Isaac, su propio hijo, también cabe interpretar que todo ocurrió en la mente de Abraham, y no fue una realidad física. Él estaba influenciado por las civilizaciones vecinas que todas ofrecían sacrificios humanos a los dioses. Quizás Abraham creyó que él también debía hacerlo para probar su fidelidad a su Dios amigo. Pensó que él se lo pedía. Lo importante del pasaje literario, tan vivamente dramatizado, es la actitud de Abraham de ofrecer su propio futuro, la promesa, todo, a ese Dios que lo había llamado a grandes cosas. Abraham lo pone todo en las manos de Dios, y es recompensado por su fidelidad, no con riquezas y honores sino con una intimidad más profunda en su relación de amistad que va por encima de recompensa o castigo (Gen. 22).

Abraham ha hecho grandes descubrimientos personales que marcarán positivamente a todo su pueblo para la posteridad. Ha experimentado que en la vida hay que arriesgarse, avanzar, y progresar, pero también tener fe, confianza, y esperanza.

Abraham puede ser entendido como representando al niño que prueba y es probado por sus padres durante la niñez. Al crecer va entendiendo más lo que significan la vida y el mundo a su alrededor. Abraham como niño va aprendiendo, ya por su experiencia personal o por las enseñanzas de sus padres, a conocer a su Dios. Como niño que descubre el amor de sus padres y comienza a confiar en ellos, Abraham empieza a entender el amor de Dios que significa, en sus principios, protección y cuidado. Entiende, sin embargo que debe crecer, arriesgarse y aprender a través de la vida sin miedo. Reconoce que debe reflexionar, aprender de los errores, y seguir descubriendo. Abraham es el ser humano común que descubre a Dios, al universo, y a la vida.

## JACOB
*Conocimiento de una verdad mayor y más profunda.*

Jacob aparece en el libro del Génesis como el prototipo del joven impetuoso y aventurero. Se cree tan seguro de sí mismo que, aconsejado por su madre (Gen. 27), le juega una treta a su padre Isaac para obtener su bendición, que le había ganado a su hermano por un plato de lentejas (Gen. 25). Esa bendición le significa nada menos que ser el heredero de la Promesa dada por Dios a sus antepasados.

Jacob tiene que huir de la ira de Esaú. En esa huida ocurren dos experiencias internas que cambiarán su vida. Estas experiencias le harán infinitamente más consciente de su papel en la historia y su llamada en la vida.

En Betel Jacob tiene un sueño. Parece ser que ha llegado el momento de entender una profunda verdad. En el sueño Jacob ve una escalera apoyada en la tierra y que tocaba el cielo con la otra punta, y por ella subían y bajaban los ángeles de Dios (Gen. 28: 12). Jacob entiende que en verdad él es el que ya posee la Promesa venida de su padre Isaac y su abuelo Abraham. Esta experiencia parece ser mucho más que una consolación interna para Jacob, ha sido una revelación de Dios que afectaría mucho más allá del espacio y lo material. Recibe la bendición de Dios y la confirmación de su misión en la vida. «Yo estoy contigo», le dice el Señor, con eso lo confirma como «agente de Dios» en la historia. Jacob entiende claro que ya no existe eso de los dioses allá arriba y los pobres humanos víctimas acá abajo, como todas las civilizaciones creían entonces. Jacob entiende que hay una *comunicación abierta*                Los ángeles suben y bajan la escalera que conecta el cielo con la tierra.

La segunda experiencia de Jacob viene algún tiempo más tarde. Dios llama a Jacob a volver a su tierra y a no seguir huyendo de su hermano Esaú. «Regresa a tu patria, a la tierra de tus padres, pues yo estaré contigo» (Gen. 31: 3). Jacob está atemorizado y confundido. Él confía en Dios, pero el futuro incierto con el peligro que lo envuelve, lo angustia. Y ahí le llega la segunda experiencia de conciencia.

Y Jacob se quedó solo. «Entonces alguien luchó con él hasta el amanecer» (Gen. 32: 25). Su lucha con el «ángel» visualiza la lucha contra su tentación, la más profunda que él hubiera sentido en su vida. Jacob es tentado a renunciar a todo, a su futuro, a su misión y su llamado. Todo por el miedo que sentía de enfrentarse al amenazante futuro. La lucha con aquel extraño se entiende como una prueba de sus fuerzas para afrontar con coraje todo lo que le trajera ese futuro. El «ángel» lo declara vencedor. Pero durante la lucha, sorpresivamente, el extraño se le revela como Dios mismo. En su asombro Jacob, entonces, entiende a Dios como retador, un *retador amigo* que viene a probar sus fuerzas e inteligencia. ¡Jacob ha sido retado, ha sido provocado por el mismo Dios! ¡Ha luchado con el mismo Dios!

Jacob entiende enseguida el significado de la experiencia. Es libre para tomar una de dos opciones: o confrontar el incierto destino que le puede traer hasta la muerte, o seguir escapando de aquél y retirarse confortablemente en algún lugar distante. Después de esa experiencia la respuesta es clara. Jacob vuelve a enfrentarse a su destino. Él conoce su llamado y su importantísima misión en el futuro como Patriarca de un gran pueblo. Jacob debe confiar en su Dios. Yahweh siempre estará con él. En Penuel se le acaba de dar la confirmación y la seguridad. A la invitación de ser el agente de un glorioso destino, Jacob, libremente decide aceptar, aceptar el riesgo...

La imagen de Jacob luchando con el «ángel» nos ha intrigado a través de la historia. Muchos pintores y escultores la han usado como imagen del ser humano luchando en su vida con la naturaleza desafiante, contra los elementos y los peligros amenazantes que el ser humano encuentra en su camino. Sin embargo, la imagen de que ese extraño ángel era el mismo Dios, se nos escapa como incomprensible, porque va más allá de nuestro humano entendimiento. ¡Dios necesita del ser humano para que sea su agente colaborador, y que lucha con él para sacarlo de su estancamiento!

Jacob puede ser cada uno de nosotros afrontando su destino. La vida, lo desconocido, nuestras decisiones, son una invitación a la superación, al crecimiento, a la trascendencia que nos llevará más allá de nuestros límites. ¿Ese riesgo de seguir constantemente creciendo, nos llevará a la felicidad?

La actitud del riesgo viene también como incomprensible en el mundo que rodeaba a Jacob donde el ser humano, perdedor, y víctima de los dioses, como Gilgamesh, sólo podía sentarse desnudo con las manos vacías a llorar amargamente. Jacob redime la figura de Gilgamesh que hasta entonces representaba el ser humano común y universal. Jacob vence la lucha porque su Dios le ha prometido: «Yo estaré siempre contigo para protegerte» y le podríamos agregar «pero tú tienes que arriesgarte y seguirme en esta fascinante y misteriosa aventura de la vida...»

Sin duda alguna ésta **no** es la respuesta de una visión azucarada e infantil de la vida que ignora las constantes luchas del ser humano con todo, hasta consigo mismo. Esta es una respuesta realista de aquél que constantemente se enfrenta a decisiones trascendentales.

## 10) DECENTRACIÓN

*La experiencia individual de Israel se convierte en experiencia colectiva.*

*MOISÉS*
*Guía espiritual del pueblo de Israel*

Moisés comunica al pueblo de Israel la experiencia religiosa personal de los Patriarcas. Como los Patriarcas, Moisés recibe una llamada personal y confirmación de Dios. Como Abraham y Jacob, Moisés también es bendecido particularmente por Dios con quien habla cara a cara. Sin embargo su llamado es distinto. Moisés es invitado a ser el guía espiritual del pueblo de Israel para hacer de ellos una nación. Moisés les comunicará ya colectivamente su propia experiencia religiosa.

Moisés vivió alrededor de los años 1225 A.C. Ya conocemos las circunstancias de su nacimiento y temprana edad (Éxodo 2). Para nosotros es más relevante ahora estudiar su vida de joven adulto.

En tiempos de Moisés miles de esclavos judíos trabajaban para los egipcios. Moisés aunque había crecido como egipcio, era judío y se identificaba con los judíos como lo vemos por el hecho de que mató a un capataz egipcio que maltrataba a un esclavo judío (Ex. 2: 11-15). Moisés tiene que huir a esconderse en el desierto. Es ahí donde le viene esa profunda experiencia religiosa que lo hará despertar espiritualmente. Él conoce el sufrimiento de su pueblo, a pesar de que estaba beneficiado por el sistema. Empieza a conocer ahora los valores más profundos que hay en su vida.

Es entonces cuando Moisés recibe la llamada de Dios (Ex. 3: 15). Lo encuentra cara a cara en el monte santo de Madián, un lugar sagrado como lo había sido Betel para Jacob. La gráfica y llamativa imagen de la zarza ardiendo expresa viva y simbólicamente la interna realidad de ese formidable encuentro con Dios. Dios se le revela en un fuego que nunca se consume. El diálogo siguiente es uno de los más ricos entre Dios y el ser humano que se registra en toda la historia del pueblo de Israel. Dios le dice a Moisés:

«He visto la humillación de mi pueblo en Egipto, y he escuchado sus gritos cuando lo maltrataban sus mayordomos, yo conozco sus sufrimientos» (Ex. 3: 7).

Yahweh se preocupa por los israelitas, y los llama «su pueblo» por primera vez en la historia. Por Abraham ya sabían que Dios era justo, pero en Moisés el pueblo de Israel conoce una nueva realidad de ese Dios. Yahweh es el Dios de Justicia, de la justicia humana, de la justicia social. Este entendimiento de Dios es indudablemente insólito entre todas las otras civilizaciones antiguas, en donde los dioses arbitrarios oprimían a los seres humanos indefensos.

«Y por esta razón estoy bajando para librarlo del poder de los egipcios y para hacerlo subir de aquí a un país grande y fértil, a una tierra que mana leche y miel» (Ex. 3: 8).

Pocas civilizaciones de entonces representaban a sus dioses justos y amables. Usualmente los dioses de esos pueblos eran caracterizados por su arbitrariedad y capricho, al igual que son los seres humanos. Esta idea del Dios de Justicia prevalecerá desde ese momento en toda la historia de Israel. Más tarde la ley de Moisés mostrará la importancia de esta preocupación social como un tema directamente inspirado por Dios.

Sin embargo, Dios no rescatará él mismo a Israel. Le pide a Moisés que sea su emisario ante el Faraón. Dios quiere que Moisés sea el líder de su pueblo, que los lleve a la libertad, y que los dirija a través del mayor proceso educativo a gran escala que registra la historia: la experiencia del desierto.

Con Moisés comienza en la Biblia esta tradición de que Dios invita al ser humano a llevar a cabo sus designios. Le pide su cooperación, consulta a los humanos y nunca los fuerza a cooperar con sus planes, aunque los persuade ofreciéndoles siempre su apoyo. Dios estará siempre presente, aunque casi oculto. El ser humano *solo* es el que aparecerá haciendo historia.

Primero Moisés y después los Profetas reciben el llamado de Dios a una misión. Todos ellos parecen tener una excusa al principio. Moisés dijo que era tartamudo, por lo tanto no podría expresarse bien ante el Faraón. Dios quiere una decisión libre. Persuasivo, le dice que no tema, «Yo estoy contigo» (Ex. 3: 12). Todavía discute con Dios buscando excusas y hasta le pide su nombre. Y aquí Dios le da la más asombrosa revelación y le da su nombre: «Yo soy el que soy» que en el lenguaje metafísico significa causalidad, el que causa el *ser* a todo lo que existe. Algunos autores descubren en el segundo «soy» la forma verbal de futuro. Yo soy el que será. Con esta afirmación Dios enfatiza la permanencia de su **presencia.**

En este contexto esta definición que Dios da de sí mismo aparece una y otra vez en las subsiguientes «llamadas» con apoyo y reafirmación, a los profetas en el Antiguo Testamento. En el Nuevo Testamento estas palabras vuelven a aparecer en la anunciación a María y después en la despedida a los apóstoles: Yo estoy contigo, Yo estaré contigo.

Yahweh se revela como el fiel Dios de Vida, siempre presente ante su pueblo, y más todavía, el Dios que cuida y se preocupa y le duele el sufrimiento de su pueblo: el Dios de Justicia.

Moisés se convierte en el líder espiritual del pueblo de Israel. Al salir de Egipto son una desorganizada masa de gente. Casi a regañadientes siguen a Moisés por largos años a través del desierto. Muchos protestan. Otros llanamente se enfrentan a Moisés y con desfachatez le dicen que quieren volver a Egipto, que prefieren ser esclavos allá que morir de hambre en el desierto. La comunidad, sin embargo no muere, sino que los judíos empiezan a entender que ahora son una comunidad y están empezando a convertirse en una nación. En el desierto el pueblo de Israel se ha educado, organizado, y civilizado. Ya no son más esclavos y no serán más nómadas al llegar a la Tierra de Promisión.

## *LA LEY COMO EJERCICIO DE RESPONSABILIDAD Y DIRECCIÓN DE VIDA*

Del Monte Sinaí Moisés trae la Ley. El pueblo finalmente la acepta con orgullo porque ésta realmente significa liberación y vida. Ahora ellos pueden mostrar a todas las civilizaciones vecinas que ya no son más nómadas incivilizados ni esclavos. Ya tienen una Ley, una constitución. ¡Ya constituyen una nación!

No podemos olvidar que la Ley del Sinaí esta dirigida especialmente a un pueblo todavía primitivo y rebelde. Por lo tanto esta ley tiene que cubrir todo campo: religioso, moral, social, y político. Como hemos podido observar, para el pueblo Judío, la ley, la nación, y la religión son tres aspectos de la misma realidad. La Ley ahora los hace una nación libre dependiente sólo de Dios. Y ya no llamarán a Dios «el Dios de sus Padres», ahora será *su Dios*, el Dios del pueblo de Israel.

La Ley está escrita en el lenguaje del Pacto de la Alianza que empezó con Abraham, el pacto amistoso de una relación de amor entre Dios y los seres humanos. Este sagrado «compromiso» casi matrimonial requerirá una activa y verdadera fidelidad de parte de Israel. Dios, por su parte, será fiel, es y siempre será el Dios de su pueblo Israel.

Nos podemos dar cuenta que de que Moisés elabora la Ley por su experiencia espiritual y personal al encontrar a Dios. Esta ley es guía para el pueblo, una dirección para seguir, los medios para encontrar a Dios.

La ley de Moisés no tiene precedentes. En comparación con cualquiera de los sistemas legales de las civilizaciones circundantes la Ley de Moisés aparece como algo único y un verdadero cambio en la historia de las civilizaciones. La ley civil para todos esos pueblos vecinos usualmente significaba la voluntad arbitraria de la clase dominante y los gobernantes políticos. Las leyes religiosas de entonces, por otra parte, trataban solamente de los ritos y ofrendas de sacrificios para aplacar la ira de los dioses.

La Ley de Moisés constituía realmente un avance único en la historia. Tenía dos dimensiones: *la vertical*, que era amar y alabar a Dios, y *la horizontal*, amar y respetar a su prójimo. Las dos dimensiones están expresadas con casi el mismo énfasis y se refieren a una relación de amor con Dios y de unos con otros entre los seres humanos. El amor y no el miedo es el principio en donde se basa esta ley. La idea de justicia aparece claramente como la verdadera expresión de esa relación con Dios y entre ellos mismos.

La evolución personal, en la forma de una experiencia religiosa en los Patriarcas, se ha comunicado y ha sido aceptada por el pueblo como nación. El proceso de «decentración» o «identificación social» ha durado cuarenta años a través del desierto. Moisés sacó al pueblo de Israel de Egipto hacia la liberación. Por medio de la liberación de la ley Moisés los condujo hacia el futuro. El pueblo de Israel llega a la Tierra de Promisión lleno de fe y esperanza, después de un largo y penoso, pero dinámico encuentro con su Dios Viviente en el desierto.

## 11) SUPERCENTRACIÓN, INTEGRACIÓN ESPIRITUAL

*En un período de madurez los profetas y los sabios reflexionan sobre su propia historia.*

Al llegar a la madurez, la experiencia de Israel se va convirtiendo en una visión universal. A través de una más profunda toma de conciencia en lo personal y lo universal las preguntas fundamentales sobre la vida adquieren una nueva luz.

Después que el pueblo de Israel entra en la Tierra de Promisión, dirigidos por Josué al morir Moisés, son los Jueces, Gedeón, y Sansón, quienes ayudan a consolidar su identidad como nación. Viene después un período de institucionalización. Este fenómeno sociológico constituye usualmente el último paso en cualquier proceso de identificación social. El adolescente se vuelve adulto, por lo tanto debe «asentarse» y acomodarse en un grupo dentro de una comunidad. La ley regula el funcionamiento de los individuos y de los diferentes grupos unos con otros. La ley también protege al individuo para no ser absorbido por el grupo. Hay deberes y derechos. Así se forman las sociedades.

Sin embargo, esta institucionalización puede traer también el estancamiento. El pueblo de Israel tuvo su reino, su templo, reyes sabios, y hasta riqueza. El brillo de Salomón atrajo a la reina de Saba y a otros vecinos ilustres. Pero al cabo del tiempo ese propio brillo fue cegando al pueblo de Israel. Se desviaron, pelearon y se dividieron. Los problemas políticos terminaron finalmente en cisma religioso. El reino se dividió en dos, Judá e Israel (2 Crónicas.10, 11). Entonces vinieron los Profetas a *denunciar* la estrechez de mente que contaminaba todo. Sus palabras tronaban contra la hipocresía y la infidelidad. Uno a uno, los Profetas acusaban al pueblo de Israel de tener muchos dioses y no ser fiel al único Dios de Israel. Una verdadera contradicción regía al pueblo. Por una parte, los judíos eran obstinadísimos en sus prácticas religiosas y sus rituales. No pasaban un detalle. Por otra parte, sus prácticas eran vacías y estériles. El espíritu que había inspirado la ley ya no estaba más allí. El amor a Dios había desaparecido.

Las leyes eran solamente palabras escritas. La idea de justicia se había olvidado.

## LOS PROFETAS
*Enviados a promover y crear conciencia.*

Los Profetas fueron hombres inspirados que respondían a una verdadera y auténtica «vocación», o llamada, para llevar al pueblo la palabra de Dios, su mensaje. Los Profetas de Yahweh eran enviados para despertar las conciencias, para hacer pensar y reflexionar al pueblo. Su misión específica era la de levantar y promover la fe en la antigua Alianza que seguía vigente de parte de Dios y pisoteada de parte de Israel. Los Profetas venían a recordar la gran Promesa mesiánica. Empiezan a aparecer durante el período de los Reyes, cuando el papel del jefe gobernante del pueblo no coincidía ya con el del líder espiritual. Pero no es hasta el siglo ocho A.C., cuando los profetas mayores, los profetas escritores, hacen su aparición.

La tarea de los Profetas era la de continuar el itinerario espiritual después de Moisés y los Jueces. Su acción seguía el proceso evolutivo de interiorizar y espiritualizar la realidad de la Alianza. En claro, su tarea era la de hacer entender al pueblo que por encima de cumplir fielmente un contrato, por encima de una mera obediencia a la ley y a un seguir estricto de las prácticas religiosas y litúrgicas, estaba la fascinante realidad de una «historia de amor». Los Profetas vienen a enseñarle al pueblo la verdadera realidad de la evolución espiritual, en cuyo centro más profundo está el *encuentro personal* con el Dios de Vida.

Había dos maneras en que el pueblo de Israel le era infiel a su Dios: Primero, con una práctica religiosa enteramente externa, formal, sin «alma».

> Este pueblo me ofrece tan sólo palabras,
> y me honra con los labios,
> pero su corazón sigue lejos de mí.

> Su religión no vale,
> pues no son más que enseñanzas y obligaciones humanas.
> 
> (Isaías 29: 13).

Segundo, con una infidelidad concreta de adorar a los ídolos y otros dioses falsos.

> Su país está lleno de ídolos,
> pues se inclinan ante la obra de sus manos,
> ante la figura que modelaron sus dedos.
> 
> (Isaías 2: 8).

Esta conversión que proclaman los Profetas, o mejor dicho, este proceso de entender un mejor sentido de la fidelidad, implica el redescubrimiento de la Alianza: del pacto de amor entre Dios y el ser humano. Los Profetas entienden esto tan claro que no dudan en tratar este tema como amor conyugal, el amor entre esposo y esposa. La infidelidad a la Alianza es referida como adulterio o prostitución. La imagen impactante usada en el profeta Oseas no tiene paralelo en la historia. Dios es el esposo, el pueblo es la esposa infiel.

Oseas usa el drama de su propia vida para expresar su mensaje. Su infortunado matrimonio con Gomer, su esposa infiel, le sirve para llevar el «infortunio» de Dios ante su pueblo infiel. Tanto como Oseas no puede abandonar a Gomer aunque ella una y otra vez lo abandone y se prostituya con sus amantes, así tampoco Dios puede renunciar a Israel.

> Por eso la voy a enamorar;
> la llevaré al desierto y allí le hablaré a su corazón.
> ...Y allí ella me responderá como cuando era joven,
> como en los días en que subió de Egipto.
> Aquel día, dice Yahweh,
> ya no me llamarás más «Señor mío»,
> sino que me dirás «Marido mío».
> 
> (Oseas, 2: 16-18).

Por los Profetas conocemos a un Dios que nunca nos va a fallar ni aunque nosotros le fallemos.

Los Profetas no sólo denuncian, sino también anuncian. El mensaje de Jeremías, por ejemplo, habla de un futuro cambio, de una renovación interna.

> Esta es la alianza que yo pactaré con Israel
> en los días que están por llegar, dice Yahweh:
> pondré mi ley en su interior,
> la escribiré en sus corazones,
> y yo seré su Dios y ellos serán mi pueblo.
>
> (Jeremías, 31: 33).

Es a través de este tema del espíritu renovado que los Profetas expresan su verdadero mensaje: el descubrimiento personal de una auténtica fidelidad interna a Dios, a esa amorosa y viva relación con él.

Los Profetas predican una profunda esperanza de vida. Su mensaje se va convirtiendo en el anuncio de un futuro esperanzador. El pueblo de Israel debe hacerse consciente de esta más profunda y más personal relación con Dios, quien ha prometido la vida. Esta promesa va no sólo al pueblo de Dios, sino a toda la humanidad. ¡Con toda fuerza y alegría los Profetas anuncian la Promesa de Dios para toda la creación universal!

> Él destruirá la Muerte para siempre.
> El Señor Yahweh enjugará
> las lágrimas de todos los rostros;
> devolverá la honra a su pueblo
> y a toda la tierra,
> pues así lo ha dicho Yahweh.
>
> (Isaías, 25: 8).

Los Profetas provocan un profundo cambio que contribuye al proceso de maduración de Israel. Por ellos el pueblo no sólo regresa a su Dios, sino también se profundizará su visión de futuro. Este futuro no es ya presentado en un constreñido sentido nacionalista, como hasta entonces, sino en términos universales, para todos los pueblos y todos los tiempos. El pueblo de Israel cae en cuenta entonces de que ellos tienen un mensaje para todas las naciones y todo el universo.

## LOS SABIOS
*Profundización de una sabiduría universal en la vida.*

El tiempo transcurre y el mensaje de los Profetas finalmente se filtra al pueblo, no sin antes padecer ellos persecución y hasta muerte. Por supuesto, esa asimilación del mensaje ocurre durante la cautividad en Babilonia, a través de crisis y padecimientos. Los Sabios de la ley o intelectuales de Israel reflexionan en temas más profundos que la propia ley escrita. Se hacen conscientes de una realidad más profunda. Redescubren el espíritu que habían perdido y la visión positiva de la vida. Los Sabios han reconocido sus errores y se han arrepentido de sus infidelidades hacia Dios que todavía llama a su pueblo y le quiere dar otra oportunidad.

Primero los Profetas y luego los Sabios han sido capaces de *personalizar* el verdadero espíritu de la Ley. La Promesa, el sentido de la vida, la evolución de la historia, todo ahora puede ser visto bajo una nueva luz, un entendimiento más profundo: la promesa de salvación dada por Dios. Ellos ya saben que, aunque han sido infieles al Dios Viviente, su misericordia es tan grande que él nunca les va a fallar. Dios será siempre fiel a su Promesa y les dará siempre otra oportunidad. Esto aparece bien claro en la interpretación de la caída, del pecado de la humanidad, en el libro del Génesis escrito por los sacerdotes-escritores en ese mismo tiempo. Adán y Eva, alegóricamente representando a la humanidad entera, recibirán otra oportunidad.

El pueblo de Israel se encuentra entonces en la cima de su madurez. Como mencionamos antes, es en este momento histórico cuando la Biblia se convierte en un documento escrito de su historia. Es en este período en que se escriben los libros Sapienciales de la Biblia. Es cuando esta visión universal que venía de los Profetas aparece escrita para la posteridad. Los Sabios no limitan esa sabiduría solamente al pueblo Judío. Ellos describen al «hombre justo», «la mujer fuerte», los tiempos y cambios en la historia del mundo. Se dan consejos de cómo adquirir sabiduría, de cómo llevar una vida que tenga sentido.

En este tiempo el pueblo Judío se sale de su etnocentrismo y se vuelve parte del flujo de civilización mundial. Se acepta reconocer el «bien» en los demás, admirar el valor y la virtud de los otros pueblos. Hasta en religión, por ejemplo, el sumo sacerdote babilónico Melquisedec, que no es Judío, es exaltado como el prototipo del sacerdote. El libro de los proverbios, el libro de Job, el libro de la Sabiduría, los Salmos, el Cántico de Salomón, etc., todos han sido escritos acerca del ser humano universal para toda la humanidad. Estos libros parecen anunciar que la verdadera sabiduría es profundamente humana y profundamente espiritual. La persona humana está totalmente integrada en el plan salvífico de Dios, activamente envuelto en el mundo, pero al mismo tiempo mirando hacia el futuro en la esperanza de la salvación eterna.

Los Sabios alaban la Sabiduría, *una sabiduría humana que naturalmente lleva a Dios*. Tal parece ser que a estas alturas el pueblo de Israel ha integrado todas las cosas de la vida. En el libro del Eclesiástico se describe a la persona espiritual que debe ser humilde, sincera, y buscando siempre la justicia. La persona de sabiduría no se deja llevar por la pompa y el poder, no es presuntuosa. El justo busca la verdadera amistad y es responsable con su familia, es prudente, cortés y educado. El ser humano que entiende y busca la sabiduría no juzga a los demás por su apariencia exterior, sino que escucha la sabiduría del pobre. La salud tanto física como espiritual es una bendición.

> No hay mejor tesoro que la salud del cuerpo,
> Ni felicidad superior a la alegría de vivir!
> (Eclesiástico 30: 16).

El libro de los Proverbios está también repleto de consejos de los Sabios para los que buscan la Sabiduría. También advierte de los peligros y los engaños de la falsa sabiduría.

La verdadera sabiduría humana, según los libros sapienciales, apunta hacia una eterna visión de la vida a pesar del sufrimiento y la muerte.

> Las almas de los justos están en las manos de Dios
> y ningún tormento podrá alcanzarlos.
> A los ojos de los insensatos están bien muertos
> y su partida parece una derrota.
> Nos abandonaron: parece que nada quedó de ellos.
> Pero, en realidad, entraron en la paz.
> ...allí estaba la vida inmortal para sostener la esperanza.
> (Sabiduría, 3: 2-5).

De acuerdo con los libros sapienciales, la persona humana, integrada espiritualmente, vive constantemente en contacto con su vida interior y la realidad que la rodea. Posee realmente una visión universal. Es una persona de oración y reflexión. Vive en fe, esperanza y amor a través de cada situación en su vida. El ser humano de oración y reflexión vive en dinámica evolución personalmente, comunalmente y universalmente. Es plenamente humano e independiente, pero humildemente dependiente de Dios.

## 12) EL SUFRIMIENTO Y EL MAL
*Negativos en lo positivo de la vida.*

Como hemos visto, en el desarrollo del pueblo de Israel a través de su historia registrada en la Biblia, hay una profunda toma de conciencia. Esta evoluciona y crece siempre con una visión positiva de la vida, realista y no escapista. El pueblo de Israel va madurando y desarrollando una actitud de vida que lo lleva hasta aplicar esa visión positiva no sólo a ellos, sino a toda la humanidad. Sus respuestas halladas pretenden ser respuestas universales a las preguntas que los seres humanos han confrontado en toda la historia y en todas las civilizaciones.

Sin embargo, persiste siempre el problema del sufrimiento, que parece objetar contra toda idea de un propósito positivo de la vida. No podemos honestamente ni ignorar, ni reprimir o esquivar estos negativos que nos trae el misterio de la vida. Debemos afrontarlos e integrarlos valientemente para poder seguir buscando una felicidad que ya parece ser un deseo universal y casi un derecho de todos los seres humanos.

Hasta ahora parece ser que el pueblo de Israel encontró a través de su historia una serie de repuestas insólitas que realmente nos intrigan. Veamos ahora si las respuestas de Israel sobre el sufrimiento nos satisfacen para seguir buscando la felicidad por ese camino.

A través de la Biblia podemos seguir una evolución de cómo Israel se plantea el problema del mal y del sufrimiento. Como hemos visto, en el más alto desarrollo de su madurez y sabiduría Israel nos trae respuestas trascendentales para todas las naciones y todos los tiempos. Es en este momento en que los libros Sapienciales tratan del problema del sufrimiento. ¿Por qué existen el mal y el sufrimiento en una Creación, que como ellos mantienen, se supone que nos lleve a la vida y a la felicidad?

Todas las civilizaciones han tenido que confrontar ese escollo en su camino. Ahora más Israel, que nos ha presentado una visión positiva de la vida y del propósito de la vida de los seres humanos. El Dios Viviente, ellos reclaman, les ha dado una respuesta a la vida que va más allá de la muerte. En este período de madurez, aunque cautivos en Babilonia, los Sabios de Israel se van a remontar a la prehistoria para explicarnos la Creación, la Caída del ser humano, las tragedias del mundo, y el problema del sufrimiento. Todo esto será interpretado a la luz de su fe sólida, y su realista esperanza, en una visión positiva de la vida desconocida e inimaginable para el resto del mundo en aquellos tiempos.

Dos estilos literarios van a ser usados para expresar la síntesis hecha por los Profetas, los Sacerdotes, y los Sabios: el lenguaje *mítico* del Génesis en los capítulos del uno al once, y el lenguaje *sapiencial* del libro de Job. Los dos se unen en un solo lenguaje de universalización.

Israel parece estar listo para confrontar el problema del mal y del sufrimiento. A través de tres figuras simbólicas, que al parecer ninguna es histórica y que cada una representa al ser humano universal, Israel trata de explicar el problema a la vez que profundiza su entendimiento de la vida. Progresivamente, Adán, Noé, y Job propondrán tres maneras diferentes de entender el problema del mal y del sufrimiento. Adán y Noé tratarán sobre el problema del mal en el ser humano. El libro de Job confrontará la trágica realidad del sufrimiento en el inocente.

## *EL MAL COMO APARECE EN EL RECUENTO DE LA CREACIÓN*

En la Creación descrita por el libro del Génesis, el pueblo de Israel tiene la osadía de declarar que en el principio Dios creó los cielos y la tierra, el sol, la luna, y las estrellas. Cuando las demás civilizaciones, incluso la babilónica, de donde los Judíos «pidieron prestadas» la mayor parte de estas alegorías, todas llamaban «dioses» a los astros y las luminarias del firmamento. Más inverosímil todavía a la mentalidad de entonces, es la afirmación de que la creación no contenía el mal. Con la frase de «Y Dios vio que todo era bueno», termina cada «día» de la creación.

En el principio todo era caos y confusión. Dios empieza entonces su proceso de creación. La creación no ocurre toda en el mismo momento. Le llevó a Dios seis días poner en orden el universo. Estos números figurativos nos dan la idea que ellos ya entendían de que la creación sucedió como un proceso en el tiempo… Proceso que podría haber durado millones de años. Teilhard de Chardin explica esta evolución en un ambiente cósmico para ayudarnos a entender la presente situación de una creación todavía incompleta que se completará finalmente en el futuro. La creación recibe el poder de Dios para crecer, desarrollarse, y hacerse cada vez más completa. Al final de este proceso se encuentra la plenitud y la verdadera vida. El verdadero desenlace de la creación sucederá en el futuro escatológico.

Cuando el hombre y la mujer son incluidos en la creación (creados para ser co-creadores) se les da la tarea de ayudar a completar la creación: ejercer dominio sobre la tierra y sus criaturas (Gen. 1: 28 y sig.), para crecer y hacer que todo crezca: «Hoy les entrego toda clase de plantas con semilla» (Gen. 1: 29). El trabajo está incluido.

Este «ser enviado» a completar la creación es para el hombre y la mujer un desafío del Dios que los ha puesto en el mundo como reyes de esa evolutiva creación. El mundo, sus elementos, sus a veces fuerzas incontrolables, todo se convierte en un desafío para la vida de los seres humanos. Ellos deben encontrar la forma para domar esas fuerzas, para desarrollar la ciencia para transformar la tierra. Los seres humanos deben de explotar sus talentos de la manera más creativa para seguir la voluntad de Dios y ejercer ese dominio de todas las cosas de la tierra. Muchas veces la falta de ese bien, que tiene que ser transformado y desarrollado en bien, será una tarea inconmensurable. Los seres humanos experimentarán esa «falta de bien» como fuerzas negativas o llanamente el «mal». Ese mal, o falta de bien, debe ser domado, organizado, o transformado.

El mal será entonces el constante *retador* del ser humano que lo hará vivir siempre en busca de soluciones. La Biblia presenta la creación en estos términos. ¿Cómo entonces se puede actuar en la vida con esa constante y evolutiva creación? La respuesta es la fe. Este proceso de vida necesita una profunda y práctica fe que le ayude al ser humano a mantener esa visión de futuro en todo momento. Al creer Israel que la vida es la verdadera consumación de la creación, solamente la fe en la vida y en el Dios Viviente ayudará al ser humano a través de ese proceso. La fe del pueblo de Israel está tan profundamente enraizada en la vida, que ellos creen que nada, ni siquiera las fuerzas del mal podrán contra el poder de Dios. Israel, el ser humano, debe entonces vivir activamente siempre en esperanza, una *esperanza realista*, hacia la realización de la vida en esa creación desafiante.

## ADÁN Y EVA
*La Libertad del ser humano*

Según las reflexiones escritas en el libro del Génesis por el pueblo de Israel, el ser humano es invitado a crecer, y desarrollarse con la creación, y a ser un agente de vida. Él es libre para realizar esta evolución en la vida. Como Jacob, lucha con la naturaleza, con la amenaza de lo desconocido, con su propia inseguridad, con la incertidumbre y la duda. Muy pronto se da cuenta de que la misma necesidad de seguir creciendo y realizándose que él observa en la creación la tiene también dentro de sí. Hay en él también «fuerzas del mal». Él debe luchar y trabajar. Tiene que encontrar un camino práctico en la vida. Descubrir cómo crecer en la dirección correcta, cómo construir y no destruir, cómo ser positivo y no negativo. El ser humano en la Biblia descubre que el camino no está tan claro y definido una vez que comienza a caminar. Él debe *discernir* continuamente a la luz de esa visión de la fe. Este es el desafío que le presenta su libertad.

La tentación le viene a Adán y Eva, prototipos de la humanidad, como una rebelión contra su propia naturaleza. Ellos son criaturas, han sido creados por Dios para llegar a la plenitud de la vida a lo largo del tiempo. Sin embargo, reaccionan en contra de su propia identidad y quieren absoluta independencia. Quieren ser Dios. La serpiente les dice: «Y serán como dioses...» (Gen. 3: 5) y no solamente criaturas. Adán y Eva quieren diseñar su propio futuro yéndose por encima del diseño que les había preparado Dios. Su libertad se vuelve en contra de ellos mismos contradiciendo su propia existencia por la tentación de ser autosuficientes y completamente independientes del plan de Dios.

De la historia simbólica de la Caída en el paraíso, deducimos las siguientes observaciones. Adán y Eva, representando al ser humano total, razón y emoción, deciden en contra de su «status» de ser criaturas que ellos han estado disfrutando. Ellos optan por una dirección de vida diferente de aquella que les pide *fe* en el futuro. Renuncian al plan de Dios que les presenta la plenitud de la vida a través del tiempo. Prefieren lo fácilmente accesible, el bien egoísta para su propia gratificación, sin contar para nada en el orden total de la creación.

Así, de acuerdo a la Biblia, el mal en el ser humano es atribuido a su libertad. El ser humano se ciega bajo sus propias necesidades. Su libertad lo hace desviarse y perder el camino correcto. El ser humano es imperfecto e incompleto, por lo tanto, necesitado. Debe darse cuenta de su propia «pobreza». Sólo la fe lo puede ayudar.

Gilles Cusson, en su exhaustivo estudio del ser humano en la Caída, afirma que después de la Caída, la creación continúa como antes en su natural dinámica. Pero la creación ahora estará como prisionera en sí misma, o sea, sujeta a la corruptibilidad. El ser humano tendrá ahora que luchar más arduamente porque es consciente de su doble inclinación. Su vida será ahora un constante arrepentirse y convertirse al darse cuenta en cada vuelta del camino de las malas decisiones que ha tomado. La Promesa de vida tiene que volverse más fuerte que nunca al darse cuenta, más que nunca, de la necesidad de esa alianza con Dios. Tiene que tratar a todo costo de mantener viva esa fiel relación de amor con su Dios.

Debemos recordar que el libro del Génesis, en especial los primeros capítulos, fueron compuestos y organizados de antiguos textos por los sacerdotes y los sabios intelectuales en los tiempos de la cautividad de Babilonia. Ellos trataban de explicar la historia de su pueblo. Su preocupación y mayor interés era explicar su actual sufrimiento y cautividad. ¿Por qué le eran tan infieles a su Dios cuando Él les había probado una y otra vez su amor y fidelidad? ¿Por qué estaban ahora cautivos en una tierra extraña cuando ellos habían recibido la Promesa? ¿Por qué tantas tragedias a través de su historia? ¿Qué deberían de hacer? Por lo tanto los Sabios de Israel escriben de manera *retrospectiva* una explicación al mal, al pecado, al egoísmo que todos los humanos comparten por naturaleza al ser creados «libres» por Dios.

La respuesta más interesante a estas preguntas aparece escrita entre líneas. A pesar de su infidelidad y sus maldades, la Promesa se mantenía viva. Ellos creían firmemente que su Dios era siempre fiel a la Alianza; que Dios sigue llevando tanto a la creación como al ser humano hacia el final de la plenitud y la felicidad completa.

De acuerdo con la visión de la Biblia, toda la humanidad comparte la experiencia de la Caída y el pecado. Toda la humanidad, representada en la alegoría de Adán y Eva, comparte ese dualismo que da la libertad. *La Biblia defiende con todo énfasis el ideal del ser humano creado en libertad, diseñado por Dios para cooperar con Él y ayudarlo a completar la creación.* Sin embargo, la ambigüedad real de la vida del ser humano es expuesta con claridad y honestidad. *La fuerza de Dios hala al ser humano hacia el Bien, pero la estrechez de mente del ser humano lo empuja hacia la muerte.*

De todo esto se puede deducir también una interpretación de lo que la tradición judeo-cristiana ha llamado el Pecado Original desde un ángulo diferente. Herbert Haag, en su estudio sobre el pecado original en la Sagrada Escritura, defiende la teoría de que nadie entra al mundo pecador. Como criaturas a imagen de Dios, todos entramos «rodeados» del amor paternal de Dios. El ser humano sólo se convierte en pecador bajo su propia y responsable acción individual al tener uso de razón. Cuando el Génesis habla de Adán, nos dice Haag, es para describir simbólicamente la entrada del pecado en el mundo. La «herencia» de esa condición pecadora la adquirimos al nacer en ese mundo pecador. Todos los seres humanos compartimos esa disyuntiva que la libertad nos ofrece de elegir entre el bien y el mal. Se suma a esta situación ambigua nuestra condición en desarrollo y nuestras limitaciones que nos ofrecen una atracción al mal.

Vuelve el espíritu del pueblo de Israel a afirmar, cada vez con mayor intensidad, el importantísimo papel de la fe que necesita el ser humano para vivir. Por encima de todo el mal existente, y a pesar de este, Dios mantiene su Promesa de futuro. Habrá guerras, crímenes horrendos, opresión de unos a otros, división, odio, sufrimiento, destrucción y muerte, pero el ser humano de la Biblia vive siempre en esperanza porque Yahweh es el Dios de la Vida. Esta esperanza ha sido confirmada a través de muchos siglos de una relación tempestuosa con su Dios Viviente. El pueblo de Israel ha aprendido a confiar en Dios por todas sus dolorosas experiencias en la historia. Esta no es, definitivamente, la confianza del idiota que cierra los ojos para no ver el horror que lo rodea. Israel se vuelve profundamente realista a través de experiencia, historia, y reflexión.

## NOÉ
*La confirmación de la fidelidad de Dios hacia su creación.*

«Yahweh vio que la maldad del hombre en la tierra era grande y que todos sus pensamientos tendían siempre al mal. Se arrepintió, pues, de haber creado al hombre y se afligió en su corazón» (Gen. 6: 5). Y Dios mandó el Diluvio para eliminar todo lo creado.

La historia de Noé parece que no es histórica, pero debe de estar basada en una real catástrofe en el área de los ríos Tigris y Éufrates. En el poema Gilgamesh aparece la historia de un gran diluvio recordado a nuestro héroe por un personaje llamado Utnapishtim, el único sobreviviente. Este se salva construyendo un arca aconsejado por los dioses. Esta historia es demasiado similar a la de Noé para ser una coincidencia. Ya hemos dicho que el Génesis fue escrito por los Sabios de Israel durante la cautividad de Babilonia donde estos tenían acceso a las famosas bibliotecas de Asurbanipal. Así que probablemente tomaron prestadas estas historias. En la historia de Noé, sin embargo, los Sabios la escriben con una *enseñanza*, un mensaje bien definido. El diluvio simbólicamente representa todo el mal físico y material en la creación, esos desórdenes de la naturaleza que todavía deben ser controlados y encausados.

Se pueden sacar varias observaciones de este suceso reflexionado en la Biblia. Primero, que Dios no manda el diluvio como castigo, sino como una purificación. Segundo, Noé, el hombre bueno y fiel, es consultado acerca del problema. Con Adán y Eva se ha establecido un patrón. Siempre habrá esperanza para el ser humano, el pecador. Dios nunca le fallará y le será fiel. Adán y Eva fallan, Noé es fiel. En el caso de Noé ese patrón es más que reafirmado. Dios siempre será fiel al justo.

La relación entre Dios y el ser humano es corroborada y reafirmada en toda la historia de Noé. Después del diluvio la historia concluye con un pacto de alianza entre Dios y Noé y sus descendientes representado en el arco iris. Dios establece un nuevo orden en el mundo. Habrá siempre un nuevo empezar después de la purificación. Pero más importante todavía, ese pacto de alianza parece ser un sello de garantía a la relación de Dios con todo lo que permanece bueno, a pesar del mal, en la creación y el ser humano.

## JOB
*El inocente que sufre.*

Israel ha confrontado el problema del mal con una visión positiva y única en comparación con las civilizaciones vecinas. El mal ha sido analizado desde todos los ángulos en las historias de la creación, Adán y Eva, y el Diluvio. Hasta este punto el problema del sufrimiento se ha considerado como una consecuencia del mal. Se ha identificado, de una manera u otra, con el castigo merecido por el pecado. El sufrimiento aparece como una consecuencia de la conducta desordenada del hombre. Hasta en los libros del Éxodo y el Deuteronomio la idea del sufrimiento está usualmente ligada al castigo. El pueblo de Israel es joven y rebelde. A través de las experiencias en el desierto ellos necesitan entender a Dios como figura de autoridad. A través de castigo y premio ellos aprenderán a ser fieles a Dios. Este parece ser el grado de conciencia al que el pueblo de Dios es capaz de llegar en ese tiempo preciso. Bajo esa luz ellos interpretan que Dios puede castigar hasta a los hijos de sus hijos con tal de enseñarles cómo comportarse.

La necesidad de un Dios ético es perfectamente comprensible en esos términos con la experiencia del desierto y la necesidad de crecer como grupo y comunidad, como nación. La fe, con una relación de confianza y amor necesita tiempo para ser asimilada. En tiempo, Israel entenderá que su Dios es la fuente de vida y de amor, y que su poder de vida es más fuerte, por mucho, que el poder de la muerte y del odio. Por lo tanto, la idea de castigo y premio prevalecerá durante ese tiempo de «entrenamiento» del pueblo de Israel: Dios bendice a los seres humanos fieles. Cuando estos se vuelven infieles y traicionan el pacto de Alianza, ellos merecerán la muerte.

Al crecer en experiencia y tiempo, el pueblo de Israel comienza a entender esa relación con Dios de manera completamente distinta. Dios los trata a un nivel muy superior mucho más allá del castigo y la recompensa, a un nivel de amor maduro. La historia de Adán y Eva ya ha sido explicada a ese nivel. A pesar de que su desobediencia rompe aquella directa conexión de amor con su Dios y creador, él les da otra oportunidad. En la historia también simbólica de Caín y Abel, Dios castiga a Caín, pero por sus ruegos, Dios le perdona la vida y lo protege de los que quieran matarlo (Gen. 4: 13-14). La misericordia de Dios es tan grande que él puede saltar por encima del castigo merecido, perdonar a los pecadores, y darles otra oportunidad. Volvemos a recordar que estas historias alegóricas de Adán y Eva y de Caín y Abel también fueron escritas posteriormente al Éxodo, en los tiempos maduros de la cautividad en Babilonia.

Ahora Israel ha madurado y puede confrontar ese escándalo que ha traspasado siglos en su tradición. La idea del castigo ha podido proveer una explicación satisfactoria a la presencia del sufrimiento en muchos casos, pero no en todos. ¿Cómo se puede explicar el sufrimiento en la persona inocente?

La historia de Job da un paso enorme de avance en la comprensión del sufrimiento. Job es el hombre inocente y justo, fiel a Dios, que no se merece, bajo ningún concepto, ser castigado. «Había en el país de Us un hombre llamado Job; era un varón justo y fiel que reverenciaba a Dios y evitaba el mal» (Job, 1: 1).

Job representa el ser humano universal, tal como los libros sapienciales explican el problema del sufrimiento: el niño indefenso que muere, la persona buena postrada enferma, los marginados sufriendo injusticia y opresión. Job, el hombre inocente, es víctima del sufrimiento.

Israel confronta el problema con una pasmosa honestidad. El concepto de un Dios ético que recompensa o castiga se ve amenazado por una realidad incomprensible bajo esos parámetros. Gilles Cusson declara que el pueblo de Israel, en Job, parece contradecir la experiencia que ellos han tenido de su Dios de Vida por 1300 años. El sufrimiento de Job es un verdadero escándalo para un pueblo que mantiene la idea de un Dios como ideal de justicia, el Dios que premia al justo y castiga al pecador. La historia de Job va más allá de estos términos tan simples. La fidelidad de Job parece que está siendo probada. Sus sufrimientos y sus reacciones son verdaderamente el punto focal de la historia de Job. Su situación provoca válidas protestas de los que los rodean. Los amigos de Job en la historia representan la razón humana que se resiste a aceptar que Dios permita esa injusticia.

Job escucha en silencio a Eliécer, uno de sus amigos (Job, 4: 6). Sus tres amigos quieren que él se rebele en contra de Dios. Sus racionamientos tienen sentido hasta un punto. Lo que ellos dicen es todo lo que la razón humana puede llegar a comprender. Job, sin embargo, le responde a cada uno de ellos con una fe y compostura que van más allá de la razón humana. Job acepta el sufrimiento como una ley de la vida a la que el ser humano tiene que arriesgarse para sobrevivir: *un desafío*.

A través de sus penas y sufrimientos Job comienza a expresar su esperanza. Job no es ciertamente el tonto ignorante «hombre fiel». Él es un hombre educado y de mucha experiencia que sabe lo que piensa. Y sí, él tiene sus propias protestas para ese Dios que parece guardarle silencio. Pero en los últimos capítulos (Job, 38-41) cuando Dios le habla, Job escucha maravillado y con profunda humildad. Dios le recuenta las pasadas experiencias a través de las cuales el ser humano se ha dado cuenta de su poder y trascendencia. Como resultado de esa nueva toma de conciencia, Job se entrega, liberado, a ese Dios y su poder. Por este encuentro personal con Dios, Job ha podido entender el misterio de la vida. Job se hace parte de esa maravillosa obra de Dios, la creación.

El libro de Job, sin embargo, no resuelve el problema del sufrimiento del justo, sino solamente nos presenta la actitud a tener frente al sufrimiento. Job permanece fiel más allá de la lógica y la razón. Su esperanza en el Dios de la Vida le ha dado valor para aceptar, sobrellevar, y vivir fielmente a través del sufrimiento. Israel, como el ser humano universal de la Biblia, ha aprendido por la experiencia que él está creciendo hacia el futuro, hacia la Promesa de salvación, a pesar de todo el mal y el sufrimiento.

El sufrimiento, al parecer barrera negativa que atenta contra toda idea y deseo de felicidad, ha sido explicado por el pueblo de Israel, en el contexto de la esperanza. La esperanza bíblica está profundamente fundamentada en la experiencia del Dios Viviente. La esperanza, como conclusión, es la fuerza que mueve al ser humano de la Biblia a través de la vida y de la historia. Las pruebas, el sufrimiento, y esa naturaleza desafiante, constituyen la realidad del camino a seguir para completar la creación y llegar al final a la plenitud en ese Dios de la Vida que es la verdadera felicidad.

### 13) HACIA UNA NUEVA DIMENSIÓN
*El sufrimiento como amor que libera y redime.*

Hemos seguido al pueblo de Israel por siglos a través de su proceso de crecimiento en conciencia. Nos hemos dado cuenta de la importancia que tiene el pensar y reflexionar personalmente y en grupo. Como el pueblo Judío aprende de sus errores y evoluciona en madurez a través de su historia. Israel, ya maduro, ha logrado hasta poder tratar el problema del mal y el sufrimiento con toda valentía y honestidad. Hay un notable crecimiento en conciencia desde la idea del sufrimiento como castigo, hasta la idea del sufrimiento expresada en el libro de Job.

Paul Ricoeur, citado por Cusson, indica que en el tiempo del libro de Job existe una contradicción en el pensamiento hebreo. Por una parte el pecado ha merecido un justo castigo en el caso de Adán y en el exilio y la cautividad en Babilonia. Por otra parte el sufrimiento representado en el inocente Job implica una terrible injusticia. El crecimiento del concepto de Dios, de un Dios de ética y moral ha aportado esta inexplicable contradicción. Hace falta ahora una respuesta para resolver este conflicto. Sólo la presencia de una tercera figura, declara Ricoeur, anunciará la solución de esa contradicción: esta será la figura del «siervo sufriente» que hará del sufrimiento una acción capaz de redimir el mal causado por el hombre.

El libro de Job ha preparado el camino para esta misteriosa figura. El «Siervo Sufriente» del profeta Isaías abre una perspectiva totalmente nueva y radical en el sentido del sufrimiento. Tal parece que su proceso de conscientización ha llevado a Israel a una nueva dimensión del conocimiento.

Este nuevo significado va más allá del libro de Job y de cualquier otra explicación ofrecida por los libros de la sabiduría en la Biblia hasta ese momento. El Deutero-Isaías, segunda parte del libro de Isaías, fue escrito alrededor del año 200 A.C. doscientos años después del libro de Job (400 A.C.). A través de ese período de tiempo un crecimiento de conciencia ha ocurrido en la vida de Israel. Se ha profundizado el conocimiento de Dios por una purificación en que han tomado parte la sabiduría y la experiencia. El Siervo Sufriente le atribuye al sufrimiento un poder de *redención y liberación*. El sufrimiento puede significar amor, el darse uno a los demás. El sufrimiento, según Isaías, expía los pecados de los demás, y los rescata del mal. El sufrimiento del Siervo Sufriente trae justicia y perdón por amor.

> He aquí mi siervo a quien yo sostengo
> mi elegido, al que escogí con gusto.
> He puesto mi espíritu sobre él,
> y hará que la justicia llegue a las naciones.
> Yo Yahweh te he llamado para cumplir mi justicia,
> te he formado y tomado de la mano,
> te he destinado para que unas a mi pueblo,
> y seas luz para todas las naciones.
>
> (Isaías, 42: 1-9).

En el capítulo 53 de Isaías leemos asombrosas revelaciones:

> Sin embargo eran nuestras dolencias las que él llevaba,
> eran nuestros dolores los que le pesaban.
> Nosotros lo creíamos azotado por Dios,
> castigado y humillado,
> y eran nuestras faltas por las que era destruido,
> nuestros pecados, por los que era aplastado.
> Él soportó el castigo que nos trae la paz,
> y por sus llagas hemos sido sanados.
>
> (Is. 53: 4-5).

> El Justo, mi servidor, hará una multitud de justos,
> después de cargar con sus deudas...
> Cuando llevaba sobre sí los pecados de muchos,
> e intercedía por los pecadores.
>
> (Is. 53: 11-12).

Tal parece que Isaías está anunciando una totalmente nueva dimensión en la comprensión humana del sufrimiento, y más todavía, una nueva dimensión en el sentido de la vida como se conocía hasta entonces.

La interpretación del sufrimiento en Job había sido la más sensible y positiva que se había recibido de ningún otro documento histórico antiguo. Todavía, el sufrimiento así explicado era indudablemente un escándalo, especialmente para un pueblo que se decía creer en el Dios de la Vida. Aunque atenuado por una respuesta de fe, y considerado a la luz de la esperanza, el sufrimiento seguía siendo un escándalo.

El Siervo Sufriente de Isaías ahora se remonta a alturas completamente desconocidas hasta entonces, incluyendo la insólita visión positiva de la tradición judía. Este nuevo concepto envuelve el más profundo análisis del amor en su significado más íntimo: *donación personal al máximo*. El deseado y esperado Mesías es anunciado y descrito como sufriente, torturado, fracasado, y perseguido. La realización de la Promesa, la Estrella de David, el mensajero de Dios, vendrá al mundo como un perdedor, aparentemente fracasado, y humilde, por el bien de la humanidad: una víctima del amor. Para los oídos de la tradición Judía esta declaración tiene que haber sonado como otro escándalo. Sin embargo, después de seguir la experiencia del no fácil crecimiento del pueblo de Israel a través de su historia, su constante desarrollo de conciencia, y su proceso de maduración e integración, el Siervo Sufriente viene como su mayor y más brillante producto de la reflexión sobre la experiencia humana.

El Siervo Sufriente, redentor expiatorio de la humanidad, marca el más alto logro del entendimiento humano en la visión de vida del pueblo de Israel. La idea del Siervo Sufriente parece prepararnos el camino para una totalmente nueva dimensión de la vida y de la historia.

Ahora llega para mi servidor la hora del éxito;
será exaltado, y puesto en lo más alto.
Así como muchos quedaron espantados al verlo,
pues estaba tan desfigurado,
que ya no parecía un ser humano
así todas las naciones se asombrarán,
y los reyes quedarán sin palabras al ver lo sucedido,
pues verán lo que se les había contado
y descubrirán cosas que nunca se habían oído.
(Is. 52: 13-15).

*Parece ser que no tenemos más remedio que contar con esta nueva dimensión del entendimiento humano si queremos buscar la felicidad. Nuestra búsqueda de la felicidad, para todos los seres humanos, para todos los tiempos, tiene que estar ya definida en los misteriosos y profundos términos y la aparente contradicción del Siervo Sufriente de Yahweh.*

## 14) LA IDEA DE DIOS EVOLUCIONA EN LA HISTORIA DE UN PUEBLO
*La relación incomprensible entre Dios y el ser humano.*

Habiendo seguido en la Biblia el desarrollo en conciencia del pueblo de Israel a través de su historia, podemos ahora también seguir el proceso de una relación de Dios y el ser humano. Esta relación se va convirtiendo, poco a poco, en *una amistad íntima*. El pueblo de Israel descubre a un Dios que se ha estado revelando al mismo tiempo. Pero esta revelación parece haber sido proporcionalmente «respetuosa» de la mentalidad del ser humano en su proceso histórico. No se produjo de pronto. Fue explicándose a través de un crecimiento en conciencia.

Como un niño que va descubriendo la vida paso a paso, así el pueblo de Israel, el ser humano en la Biblia, va descubriendo esa misteriosa realidad a través de las distintas etapas de su vida. A través de su proceso de «personalización», identificación individual, identificación social, e integración espiritual, el niño se vuelve adulto.

Y es a través de ese desarrollo individual, social, y universal, como el ser humano en la Biblia ha ido descubriendo a Dios gradualmente en diferentes y sucesivas dimensiones cada vez más profundas. Descubre a Dios por la síntesis de esos dos polos de lo objetivo y lo subjetivo. El *polo objetivo* que significa su propia historia, sus experiencias y vivencias en su propio crecimiento. El *polo subjetivo* significa su paulatina y creciente reflexión sobre él mismo y todo lo que lo rodea. Y como notamos anteriormente, al mismo tiempo que el ser humano en la Biblia gradualmente descubre a Dios se da cuenta también de otro increíble descubrimiento: ese Dios se le ha estado revelando en una mutua dinámica a través de su propia historia humana. Es bajo esa misma luz que el ser humano se va conociendo a sí mismo, su vida, su propósito en la vida, y hasta la manera como debe actuar ante ella y sus problemas. El ser humano se puede formar su propia espiritualidad a través de esa continua «conscientización» al darse cuenta de la realidad total que lo circunda.

Abraham descubre al *Dios Viviente*, su amigo y protector, con quien hace un pacto, La Alianza. Este Dios se le revela llamándolo al riesgo, dejar atrás las formas y maneras «seguras» antiguas, y coger nuevos caminos. Paso a paso Abraham descubre que su Dios amigo es poderoso, todopoderoso, el mayor de todos los dioses. Es el Dios de la Vida y no de la muerte, hecho comprobado por el episodio y la prueba de su hijo Isaac. Abraham, padre de la fe, ha respondido con una entrega incondicional a Yahweh. Abraham es bendecido por Dios y es constantemente reafirmado como recipiente de la Promesa.

Jacob encuentra al Dios de sus padres primero en un sueño, luego cara a cara al luchar con el ángel. Jacob entiende la primera revelación: existe la *comunicación abierta con Dios*. La segunda revelación le muestra y le hace entender con qué clase de Dios él está luchando: *el Dios que lo desafía* hacia su destino en la vida. Y Jacob responde al desafío. Decide arriesgarse, avanzar hacia el amenazante y desconocido futuro. Por esa decisión Jacob será la figura principal y padre de las doce tribus de Israel. La Promesa de la salvación universal vendrá por ese sí de la decisión de Jacob.

En Moisés el pueblo de Israel se da cuenta (revelación a través de la reflexión comunitaria) de un nuevo aspecto de ese Dios Viviente. Dios se revela como *Dios de Justicia*. Yahweh ha puesto su tienda en medio de ellos (Ex. 33: 7) y los guía a través del desierto día y noche. Dios es finalmente entendido por el pueblo de Israel como grupo, comunidad. Él es el Dios de Israel que ha hecho una Alianza y que exige amor como respuesta: dos clases de amor, amor a Dios y amor mutuo entre ellos. Dios les ha dejado su Ley de vida y respeto mutuo.

Los Profetas aclaran la clase de amor íntimo que Dios quiere y que parece que el pueblo ha olvidado. Dios es descubierto entonces como «amante», *el Dios que quiere dar y recibir amor*. Los Profetas tienen la osadía de decir que a Dios no le importan los ritos ni los sacrificios. Dios quiere entrega personal en amor. Los Profetas vuelven a aclarar la doble clase de amor a que Dios se refiere.

En la adultez y edad madura de Israel, los Profetas, los Sacerdotes, y los Sabios, *integran todos esos aspectos de Dios en una sola imagen*. Ellos escribirán la historia de Israel como una historia de amor entre Dios y los seres humanos como una sola historia sagrada. A través de un proceso de cuestionar y reflexionar sobre su propia historia, Israel ya maduro recopila todas las historias, los poemas, y las oraciones del ser humano de la Biblia al ir creciendo en conciencia. La Biblia escrita, entonces, recoge *el proceso de ese ser humano al descubrir a Dios, su propósito en la vida y su destino final: la felicidad.*

Cuando las historias de la creación fueron compuestas, Dios es descrito como el Dios Todopoderoso, el Creador de cielos y tierra. Él crea al hombre y a la mujer a su imagen y semejanza y les da la tierra para trabajar y dominar sobre todas las otras criaturas. Dios se les aparece todas las tardes y pasea con ellos como amigo por el jardín del Edén (Gen. 3: 8-9). En lo máximo de su etapa de integración el pueblo de Israel usa las mismas historias antiguas de las civilizaciones vecinas. Por ejemplo, en el Enuma Elish aparece una historia similar de la creación y una descripción del paraíso terrenal muy parecida a la del Génesis. Los autores judíos, sin embargo, le dan a esas historias «prestadas» un significado nuevo a la luz de su propia experiencia e historia. Dios creó todo de la nada, todos son criaturas, hasta las luminarias del cielo, y vio que todo era bueno...

Este conocimiento de Dios ha estado creciendo lentamente desde los tiempos de Abraham en ese proceso de convertirse en civilización. Tal parece que a cada paso de ese proceso el ser humano ha ido descubriendo un nuevo aspecto de Dios y un sentido más profundo de su presencia. Al mismo tiempo el ser humano ha ido entendiendo que Dios ha estado comunicándose activamente con el ser humano, sin forzarlo ni entorpecer su libertad. Dios siempre ha tratado de inspirar como el murmullo de una suave brisa como se revela a Elías (I Reyes 19: 12).

Dios ha estado mandando señales y «pistas» de sí mismo a lo largo de toda la historia de la manera en que el ser humano sea capaz de entender estas señales, poco a poco, según la mentalidad histórica del momento. Mientras más crezca en edad y sabiduría, el ser humano va necesitando más señales y más aspectos de ese Dios para reflexionar e irlo conociendo mejor.

Como «niño», el ser humano necesita un protector amable en el que pueda confiar. Más todavía necesita de una figura de autoridad que lo guíe y hasta lo castigue un poco cuando no se porte bien. Es el niño representado en algunos de los Salmos quien grita llorando a Dios cuando un vecino grande y abusador lo ataca.

> ¡Levántate, Señor, alza tu mano!
> ¡No te olvides de los desdichados!
> Quiebra el poder del impío y del malvado,
> castiga su maldad y que no sobrevivan.
> (Salmo 10: 12; 15).

> Si mi Dios viene a mí en su bondad,
> me hará ver la caída de mis enemigos.

Oh Dios, ordena su masacre...
Persíguelos y mátalos, Oh Señor, nuestro escudo.
(Salmo 59: 11-12).

El «adolescente» ser humano de la Biblia le pide a Dios ayuda para vencer a sus enemigos:

«Ataca, Señor, a los que me atacan».
(Salmo 35)

Pero cuando el ser humano en la Biblia va llegando a la madurez, la oración del «adulto» se vuelve más profunda: «A ti, Señor, elevo mi alma, a ti que eres mi Dios, en ti confío» (S. 25). El ser humano ya adulto pide ayuda, y también perdón cuando ha cometido una falta, o reconoce su pecado (S. 51). Pide orientación cuando está confuso (S. 25) y fuerzas cuando está sufriendo y desesperado (S. 102). Su oración de acción de gracias se eleva al Señor cuando ha pasado una crisis y se siente feliz (S. 41:30).

Mientras más encuentra sabiduría en la vida, el ser humano de la Biblia se vuelve más profundo y su oración más espiritual: «El Señor es mi Pastor, nada me falta» (S. 23). «Como la cierva anhela las fuentes de agua, así mi alma desea, Señor, estar contigo» (S. 42). En su sabiduría el ser humano puede ya entonces alabar a Dios, libre, lleno de alegría y gratitud (S. 63). El ser maduro exclama maravillado en el Salmo 8, que ha debido de inspirar a los autores que después escribieron la Creación del Génesis:

¡Oh Señor, nuestro Dios,
qué grande es tu nombre en toda la tierra!
Y tu gloria por encima de lo cielos.
¿Qué es el hombre, para que de él te acuerdes?
Lo hiciste poco menos que los ángeles,
lo coronaste de gloria y esplendor.
Has hecho que domine las obras de tus manos,

tú lo has puesto todo bajo sus pies…

(S. 8).

¡Es ya el universo entero quien recibe la constante bendición del Señor! ¡Alaben al Señor todos los cielos y tierra! (S. 148).

## 15) UN CONCEPTO MÁS PROFUNDO DE LA VIDA

En conclusión, el ser humano en la Biblia, a través de su propia experiencia, y a la luz del Dios que ha descubierto, ha caído en cuenta de su propio propósito en la vida. Gilles Cusson nos da finalmente una definición del propósito de la vida encontrado por el ser humano de la Biblia: *El hombre existe para marchar con toda la creación hacia una plenitud en Dios*. De acuerdo a Cusson, está más que claro en el Antiguo Testamento que el ser humano se mueve hacia un futuro que evoluciona tanto en lo personal, como en lo social y universal, hasta encontrar la felicidad en el mismo Dios.

En su período de mayor madurez, el ser humano en la Biblia ha sido capaz de entender tres cualidades esenciales de sí mismo. Primero, que ha sido creado «a imagen y semejanza de Dios», o sea, que es un *ser creador*, ¡la única criatura capaz de ser creativa! Segundo, que el ser humano parece aceptar la *verdadera integración* entre su cuerpo y su alma. Y finalmente, que la persona es un *ser social*, íntimamente relacionado con los otros. A la luz de estos tres elementos el ser humano Bíblico descubre su propósito en la vida: que él existe para avanzar junto con «los otros» y con toda la creación hacia una plenitud final en Dios.

El ser humano no es una víctima, como ha sido interpretado por otras civilizaciones. El ser humano es «co-creador» y está invitado especialmente por Dios a cooperar con Él. Ahí está la clave de la visión positiva insólita del pueblo de Israel que nos llega hasta nuestros días. Además, su *solidaridad* con los otros no es producto del miedo a la ira de los dioses, de los cuales se debe defender juntándose por necesidad con los demás. El ser humano de la Biblia ha entendido que es Dios mismo quien quiere, hasta demanda, que se amen los unos a los otros. Finalmente, el universo y la naturaleza **no** están en su contra, como las gentes de otras civilizaciones frustradamente declaran. El ser humano en la Biblia está convencido de que él está creciendo con ese universo, casi como su fuerza más creativa, cooperando con Dios para completar esa creación. Y Dios, que es Todopoderoso, no como Mardouk o Zeus, con toda su fuerza infinita ha dado significado y razón a ese universo: la Promesa de la VIDA.

El propósito de la vida descubierto y propuesto en el Antiguo Testamento es sorprendentemente similar al propósito de la vida que el ser humano sigue descubriendo miles de siglos más tarde. A pesar de las confusiones, desviaciones del ser humano por su egoísmo, esta realización se vuelve casi un instinto en lo más profundo del ser humano.

No sería en lo más mínimo pretencioso o fuera de lugar declarar que el Antiguo Testamento es mucho más que un documento histórico. El proceso mismo de crecer en conciencia y descubrir la verdadera realidad de la vida, descrito en la Biblia, constituye en sí una manera de vivir, una actitud de vida, una verdadera espiritualidad. Las guías y direcciones sugeridas en la Biblia en la madurez del pueblo de Israel de cómo vivir, se vuelven entonces *universales y transculturales*, para todos los pueblos, en todos los tiempos. Esa ha sido una de las contribuciones más importantes que la civilización hebrea ha donado a la civilización occidental y quizás a toda la humanidad, la comunidad universal.

Por lo tanto hoy en día podemos usar la Biblia como una base para una dirección personal en la vida. Cualquier ser humano en su búsqueda personal puede encontrar en la Biblia, un manual para ayudarlo a encontrar ese propósito de la vida, la manera de seguir una dirección ética de respeto tanto a sus deberes como a sus derechos. Un manual hasta de cómo entenderse a sí mismo cuando contradice esos principios éticos ya por debilidad o por mal uso de su libertad. Por medio del Antiguo Testamento el ser humano de hoy y de siempre puede entender las dos fuerzas contradictorias que parecen halarlo a dos polos opuestos, ya sea a la destrucción por el egoísmo, o a la unión con los demás y el universo.

El Antiguo Testamento en la Biblia nos trae claramente una visión positiva de una actitud real y práctica para el ser humano en el universo: la ESPERANZA. Todo está ordenado hacia un final positivo, hasta el sufrimiento y el mal. Al final hay siempre un balance positivo. El ser humano está destinado a la salvación. Hay esperanza siempre al estar vivo.

Esta conclusión parece estar corroborada en la historia del ser humano a través de los siglos de su existencia. Si la esperanza no hubiera estado presente en lo profundo se su existencia, el ser humano y la humanidad no hubieran podido progresar, ni siquiera subsistir. Si la esperanza no estuviera presente en el mundo de hoy, con una realidad tan confusa e inestable, no habría futuro. La vida llegaría a un callejón sin salida. Nuestro mundo no tendría sentido. Este sentimiento nos viene quizás por nuestro «inconsciente colectivo» y el vivir en esperanza es algo intrínseco al deseo humano de trascender a pesar de nuestras limitaciones.

El pueblo de Israel en su período de madurez sabiamente trata de interpretar y dar una respuesta a la pregunta fundamental de la vida, el propósito de la existencia humana. El ser humano de la Biblia después de mucho reflexionar en su experiencia sugiere al ideal del Amor como la verdadera fuerza universal que lo mueve todo y lo trasciende todo. Esa fuerza inexplicable y contraria a nuestro propio egoísmo parece ser la fuerza interna que lo mueve todo dentro de nosotros y como declara Teilhard de Chardin: *la fuerza que mueve la evolución cósmica universal*.

Y es aquí donde el ser humano de la Biblia llega al más incomprensible giro de todo el pensamiento humano de todos los tiempos: el Siervo Sufriente descrito por el profeta Isaías. Solamente con la apertura universal de su madurez, el ser humano ha podido interpretar al amor como sacrificio libre y personal que redime y salva con un poder que trasciende toda dimensión humana. Sólo en el clímax de su entendimiento personal, aceptación social de los demás, y una profunda conciencia de su trascendencia espiritual, pudiera el ser humano llegar a entender el significado más sublime del amor.

Este significado adquiere proporciones universales en la figura de Cristo, en el Nuevo Testamento de la Biblia. Él es punto central y eje en el que, según la tradición judeo-cristiana, giró toda la historia. En Cristo, el ser humano universal se da cuenta del más profundo y verdadero propósito de la vida.

## CONCLUSIÓN PARTE II

Hemos escogido la tradición judeo-cristiana buscando una respuesta a la pregunta fundamental del ser humano. Hemos obtenido las reflexiones históricas de un pueblo que nos aportó una nueva visión que, aunque insólita y aparentemente descabellada, nos trae una respuesta tan profunda que empieza a tener sentido, sorprendentemente, en nuestra búsqueda de la felicidad.

La tradición judeo-cristiana se ha desarrollado alrededor del ser humano creciendo en conciencia en la historia y descubrir su propia identidad, el mundo en que se mueve, y el universo que lo rodea. Desde el nómada primitivo que fue Abraham, hasta el sofisticado pensador del período maduro de los Sabios de Israel, el pensamiento humano se ha expandido en proporciones considerables. Este desarrollo constituye una verdadera experiencia antropológica válida universalmente para todo el que quiera profundizar en la vida y hallar el camino a la felicidad.

Ya vimos cómo la cultura judeo-cristiana sigue una distinta y extraordinaria dirección al compararla con las otras antiguas civilizaciones. Contando con un sentido profundamente realista, la tradición judeo-cristiana nos trae una visión dirigida hacia la vida y hacia un esperanzador futuro para el ser humano, el mundo y el universo. Esta tan distinta interpretación del entendimiento de la vida no es sólo una explicación del pasado, sino también *una visión del futuro*. La Biblia no termina, tiene un futuro abierto. Puede ser considerada como la explicación de un primer ciclo de la historia, un patrón para que nuevos ciclos en la historia se sucedan. La Biblia explica e interpreta el proceso general de la vida en el universo hacia el futuro.

Israel ha recorrido, como pueblo, el mismo proceso de personalización que recorre cada individuo a través de su vida. Ha vivido y crecido por las tres etapas de Centración, Decentración y Super-centración. De su niñez con los Patriarcas, por su adolescencia en el desierto y el reinado, hasta su madurez entendiendo a los Profetas y los Sabios, Israel descubre su propósito en la vida, su identidad personal, la responsabilidad social, y su destino universal. Israel ha encontrado el Principio y Fundamento de toda existencia: Dios el creador quien da dirección y sentido a toda la creación. El pueblo de Israel se da cuenta de que están invitados a cooperar libremente a completar la creación y llegar a la plenitud de la Promesa. Han sido invitados especialmente de entre todas las naciones, por esa misteriosa llamada de Dios, a llevar un mensaje de salvación a todas las demás naciones. ¡Son los portadores del mensaje de salvación para toda la humanidad!

Ese Dios que se les ha revelado como amigo fiel, protector, retador en las dificultades de la vida, está siempre presente en un destino trascendental. Este Dios todopoderoso se revela en la historia del pueblo y de cada uno de los seres humanos como Dios de justicia y de verdad con una Promesa de Salvación.

A través de su proceso de maduración el pueblo de Israel descubre un camino de proceder, mejor dicho, una manera de responder a ese llamado de relación personal con Dios y el universo. Esta manera de responder al llamado de Dios, esta actitud de vida se convierte en una verdadera espiritualidad, una forma de actuar para vivir su fe que trasciende lo hebreo, y la mentalidad judía. Esta actitud de vida se convierte en un verdadero camino universal y transcultural. El pueblo de Israel descubre su verdadera solidaridad con toda la humanidad. Ha encontrado respuestas para el ser humano universal.

El mensaje del Antiguo Testamento es que el propósito de la vida para el ser humano es *la vida misma*. Toda la humanidad está llamada a la vida con la esperanza de la Vida. A través de vicisitudes, problemas, trabajos, y muerte, al ser humano le está prometida la vida en un sentido superior y una dimensión trascendental. Toda la humanidad está llamada a la salvación a través de las diferentes etapas de la vida. Este proceso que Teilhard de Chardin ha llamado «hominización» hace llegar al ser humano a nuevas y más profundas dimensiones de vida, desde las alturas cósmicas hasta lo más íntimo del ser y de la existencia: una conciencia profunda que lo lleva a la integración más sensible de la realidad del misterio de la vida. Más que en «hominización» el proceso terminará incomprensiblemente en «divinización».

El Antiguo Testamento, sin embargo, hasta cierto momento enfatizó demasiado el éxito humano y la esperanza en la «gloria» como ideal de la vida. Entonces aparece ese nuevo y sorprendente elemento del Siervo Sufriente de los escritos de Isaías. La figura del Mesías anunciado como Siervo Sufriente y no humanamente exitoso trae un giro no esperado en la lógica humana. Jesucristo viene como una paradoja en la misma tradición judía que los hace a todos detenerse y reflexionar una nueva concientización mucho más profunda. Y ahí viene otro escándalo que producirá un cisma en el pensamiento hebreo que no aceptará ese Mesías que tanto había sido anunciado y esperado. Vino a los suyos y los suyos no lo recibieron. No aceptarán esta nueva dimensión.

Como hemos dicho, el Siervo Sufriente de Yahweh, identificado en Cristo, la Estrella de David, la Promesa, viene a anunciarnos una nueva dimensión. Algo tan misterioso y profundo como la vida misma. Dios escoge la forma más alta para demostrar su amor: el amor que se da por la entrega en sacrificio. Ese amor tiene un poder trascendental de liberación y redención.

El mundo nos trata de cautivar con respuestas simples y superficiales. Nos «vende» amor egoísta y sin entrega. Algo tan efímero que nos hace adictos a las cosas vanas y caducas que sólo nos esclavizan, nos estancan, y nos destruyen. Sólo el verdadero amor, y esto lo presentimos bien adentro, ese amor de darse a sí mismo, con humildad y con sacrificio, nos hará verdaderamente libres y nos llevará a la felicidad verdadera.

*Después de haber estudiado la Promesa de Salvación como se desarrolla durante la historia del pueblo de Israel registrada en el Antiguo Testamento, pasemos, intrigados al Nuevo Testamento. Indaguemos en cómo esa Promesa anunciada por siglos se realizó en una figura que ha trascendido la historia, todas las culturas, y todos los tiempos: Jesús de Nazaret, llamado el Cristo.*

# PARTE III

# UNA VISIÓN NUEVA DEL PROPÓSITO DE LA VIDA

## 16) EN LA PLENITUD DE LOS TIEMPOS
*Cómo entra el cristianismo en el Imperio Romano*

Los historiadores comúnmente concuerdan en que el imperio Romano fue el más avanzado estructuralmente de los imperios que se han conocido en el mundo en todos los tiempos. Las ruinas romanas a través de toda Europa, el cercano Oriente y el medio Oriente, todavía testifican de una extraordinaria y creativa fusión de elementos sin paralelo en la historia. Puentes, carreteras, acueductos, teatros, templos, y otros monumentos, nos hablan del Imperio Romano que durante 350 años en el culmen de su poder sin rival, tuvo su mayor impacto en el mundo.

Paul Tillich declara que el Imperio Romano produjo una definitiva conciencia de la historia universal en contraste de las historias nacionales meramente accidentales. El universalismo del Imperio Romano tuvo su parte negativa como al mismo tiempo tuvo su parte positiva. Negativamente significó el colapso de las religiones y las culturas nacionales. Positivamente significó la idea de que era posible concebir una humanidad completa y universal. A pesar de sus tantos puntos negativos los romanos crearon la idea de una comunidad universal en sus territorios. Alejandro Magno ya había previsto esta universalidad algún tiempo antes pero sin llegar a realizarlo plenamente. La política tuvo con los romanos realmente un contenido «mundial». No solamente la aristocracia, sino también sus comunidades rurales, la gente de sus colonias, y hasta sus esclavos, influyeron en los destinos del Imperio.

Todos los caminos conducían a Roma... Por esos caminos llegó Cleopatra con una cultura egipcia de siglos. Por esos caminos los romanos conquistaron y colonizaron todos los países que rodeaban el Mediterráneo. Por esas carreteras y puentes, que todavía se conservan, los romanos trajeron a Roma el botín de los tesoros de muchos países. Ese botín incluyó el pensamiento griego, una cultura que los romanos siempre habían admirado tanto. El pensamiento helenístico permeó y hasta le dio forma a la cultura Romana, su filosofía, su religión, su literatura, y sus artes plásticas.

A través de esos mismos caminos vinieron miles de inmigrantes y esclavos de todos los países conquistados por las legiones romanas. Los esclavos literalmente construyeron e hicieron funcionar la maravillosa ciudad y el imperio que gobernó al mundo por muchos siglos. Todos estos extranjeros contribuyeron a darle el carácter cosmopolita que tenía Roma.

Por una de esas carreteras vinieron también los inmigrantes judíos de una colonia pobre al Este del Mediterráneo. Pedro y Pablo entraron caminando a Roma en el tiempo de mayor desarrollo del Imperio, llevando consigo un extraño mensaje de un hombre controversial que acababa de ser ejecutado en Jerusalén como un criminal en una cruz, Jesús de Nazaret. Este mensaje nos hablaba de algo extraordinario: un suceso trascendental para toda la humanidad. De acuerdo con el testimonio de Pablo, nos dice Tillich, la aparición de Jesús, el Cristo, ocurre en este preciso momento de la historia, cuando el mundo estaba listo para que esto ocurriera. Pablo habla del «kairos», al referirse a ese momento histórico maduro y preparado para que este fenómeno aconteciera.

> Ahora nos ha dado a conocer,
> mediante dones de sabiduría en inteligencia,
> este proyecto misterioso suyo,
> fruto de su absoluta complacencia en Cristo.
> Pues Dios quiso reunir en él,
> cuando llegara la plenitud de los tiempos,
> tanto a los seres celestiales como a los terrenales.
> (Efesios 1: 9-10)

En la plenitud de los tiempos, en Roma, una nueva fe hizo su aparición. Primero llegó como un mero susurro, que después se fue haciendo más y más sonoro en los paradójicamente alegres cantos de los cristianos martirizados en el circo. Hasta entonces no había una fe que llegara a la sublime simplicidad de asegurar, con la propia vida de sus primeros creyentes, que como habían declarado las escrituras hebreas, Jesús murió para salvar a la humanidad. Estas escrituras, en aquel momento, estaban ya compiladas y traducidas a la lengua griega. Jesús, el Cristo había venido como el pleno cumplimiento de esas escrituras. Este concepto de inmolación y sufrimiento – vida dada al ser humano, perdida por su egoísmo, y reencontrada por la redención– era completamente desconocido en los misterios paganos de entonces. También la promesa de «vida eterna», que aparecía en tantos mitos paganos, carecía de la urgencia de un más alto, más divino, y más glorioso destino, la vida misma de Dios, que le era prometida al creyente cristiano. El Salvador anunciado tampoco era una mera deidad subordinada, no un ser «creado» dotado de forma humana como intermediario entre Dios y el ser humano, sino Dios mismo encarnado.

Nos declara Michael Grant, en sus estudios de la historia clásica, que la verdadera fuerza del cristianismo, su verdadero acierto y característica única, que causó desplazar a todas las otras religiones, fue el *mensaje* de amor de su fundador. Este mensaje era completamente original en su énfasis, más allá de la propia fuente de los escritos hebreos anteriores. Esta nueva doctrina estaba basada en un total, revolucionario amor y caridad sin restricciones, que no excluía a la mujer, puesto que Jesús mismo había nacido de mujer, extendido hasta los niños, que abrazaba a los totalmente abandonados y destituidos, rechazados por la sociedad. Esta nueva doctrina venía proclamada por un Hijo de Dios que había vivido entre la humanidad, que fue rechazado por los suyos, y cuya promesa de inmortalidad estaba basada firmemente en el amor.

Esa promesa de inmortalidad nunca había sido presentada tan vivamente gloriosa por ninguna de las religiones anteriores. Porque para los cristianos era una promesa concreta que inclusive ofrecía la resurrección del cuerpo y nadie era considerado tan pecador como para estar excluido de ella. Por la extensión universal de este mensaje misterioso los cristianos trascendieron más allá que ninguno de sus pensadores contemporáneos. El atractivo entusiasmo de unirse bajo ese desconocido amor (para toda la humanidad) los hacía hasta dar la propia vida por su fe cantando con alegría al ser arrojados a los leones.

La idea cristiana entró en Roma con extraordinaria simplicidad llevada por un grupo de hombres y mujeres de poca educación, pero con un verdadero y humano sentido común y una profunda convicción. Sin embargo su mensaje cargaba una riqueza y profundidad que sacudió violentamente el pensamiento romano. Quizás estos apóstoles del cristianismo nunca se dieron verdaderamente cuenta del impacto revolucionario que iban a tener en la historia.

El cristianismo apareció en un mundo fuertemente influido por la filosofía griega. Venía también de una mentalidad oriental y judía. Lo sorprendente del Nuevo Testamento es que usaba palabras, conceptos, y símbolos que se habían desarrollado en la historia de las religiones, y sin embargo mantienen la imagen y figura de Cristo como era interpretada por esos apóstoles. La fuerza espiritual del Nuevo Testamento era tal que pudo llevar todos esos conceptos al cristianismo, con todas esas connotaciones paganas y judías, sin perder nada de su realidad básica que era el evento de Jesús como el Cristo.

Dos figuras claves del Nuevo Testamento fueron Juan, con su evangelio y sus cartas, y Pablo, con sus cartas y su predicación al mundo (gentil) pagano. Juan habla y escribe en griego desde la misma Grecia. Usa el concepto de «Logos», término griego que significa el principio cósmico de la creación, la manifestación de Dios en todas las formas de la realidad. Sin embargo, el «Logos» griego era un principio universal abstracto, en cuanto Jesús era una realidad concreta. El cristianismo trajo la gran paradoja al mundo greco-romano de sus tiempos: el *Logos* se hizo carne y habitó entre nosotros. Con ese comienzo de su evangelio, Juan reconcilia el pensamiento griego con un concepto que jamás hubiera podido derivarse de dicho pensamiento. Jesús, el Cristo, era el «Logos», el Dios eterno e incomprensible, que se había hecho hombre para salvarnos.

Por otra parte, es importantísimo el testimonio de Pablo de Tarso, escriba y miembro de la alta clase intelectual judía, discípulo de Gamaliel, y perseguidor de los primeros cristianos. Al aparecérsele Cristo en el camino a Damasco y caerse del caballo (aunque el caballo nunca aparece en ningún texto, sino solamente la caída) Pablo experimenta una conversión. De perseguidor de los cristianos pasa a ser el apóstol de los «gentiles» y pasa por encima de muchos de los apóstoles, inclusive de Pedro, quienes, con mente no tan amplia, creían que el mensaje de Cristo sólo se podía recibir a través del judaísmo. Pablo, el fariseo y estudioso de la ley judía, que bien podía haber sido el intransigente, es quien lleva este mensaje a los «paganos» de todo el mundo grecoromano. En la Acrópolis de Atenas todavía se puede ver el lugar desde donde Pablo les habló a los griegos de este Dios desconocido por ellos.

Sin embargo, estos apóstoles judeo-cristianos no venían anunciando una nueva secta o ideología filosófica y definitivamente tampoco una nueva religión. Ellos anunciaban audazmente en aquel mismo momento histórico, en la plenitud de los tiempos, algo que había estado pasando desde el principio de los tiempos. Declara Tillich que Pablo parece decir que *hay un poder de revelación universal a través de toda la historia de la humanidad* que nos ha venido preparando para aquello que el cristianismo considera como lo último y más importante de toda la revelación. Esa trascendental revelación está centrada en la figura de Jesús, el Cristo.

Pablo fue la figura clave para que el mensaje cristiano llegara a «inculturarse» en el mundo helenístico-romano . Solamente de esta manera una pequeña secta judía pudo convertirse en la religión mundial que unió el Oriente con el Occidente. El judaísmo, a pesar de su monoteísmo universal que también incluía la misión a los gentiles, nunca pudo convertirse en la religión universal para toda la humanidad. Fue solamente el cristianismo el que más se ha acercado a ese ideal. La idea de establecer una comunidad universal basada en el amor en servicio fue la que conquistó el mundo romano.

Las primeras comunidades cristianas se desarrollaron bajo esta idea. Las primeras iglesias compuestas de apóstoles, profetas, profesores, hombres y mujeres con distintos carismas fueron fundadas por Pablo bajo la idea de un «cuerpo» donde todas las partes eran importantes, cada una con su función. Todas esas partes funcionaban como *diakonia*, o sea un verdadero servicio de amor entre todas las partes con verdadero amor y humildad. Después aparecieron los obispos y los presbíteros, no tanto como autoridad, sino siempre orientados hacia esa *diakonia* o servicio a la comunidad. Las palabras de Cristo sobre el ideal de ser servidores se entendían muy claras. Así apareció la *ecclesia*, Iglesia.

Lo que atraía a muchos desde el principio era la solidaridad con los pobres y sufridos. También era tremendamente atractiva la cohesión de todos los cristianos, especialmente en sus expresiones litúrgicas de alabanza comunitaria a Dios. Todos juntos, hermanas y hermanos, sin distinción de clases sociales, razas, ni educación, podían tomar parte en la Eucaristía, punto central de sus reuniones. Los cristianos compartían todo, no por obligación ni imposición, sino por un sincero amor entre hermanos. Los que tenían más ayudaban a los que tenían menos.

Henry Chadwick llama a este fenómeno la «paradoja cristiana», esa pacífica y suave revolución que se extendió por todo el Imperio Romano. Fue un movimiento religioso venido desde abajo sin ninguna conciente ideología política que conquistó a toda una sociedad completamente adversa donde el poder, el hedonismo, y los bienes materiales eran el ideal común. La espiritualidad práctica que enseñaba el cristianismo dejaba en ridículo las viejas formas de sacrificios sangrientos a los dioses, el incienso, los templos y a las estatuas de los dioses. Todo eso fue atrayendo a las clases intelectuales y pudientes económicamente, incluso a gente de la corte imperial y hasta a los oficiales de la armada romana.El cristianismo fue realmente una revolución en la historia de la humanidad.

En los primeros tiempos, bajo las persecuciones que se sucedieron por largo tiempo, las primeras comunidades cristianas vivían bajo un verdadero fervor de la fe encontrada. Los llamados «padres de la Iglesia», para defenderse de tantos ataques, se preocuparon entonces de presentar el cristianismo al mundo entero. Escribiendo en griego, usaban términos helenísticos con conceptos y formas entendibles dentro de aquella filosofía. Era la sofisticada filosofía que había llegado a su clímax en el pueblo griego y había sido adoptada por el Imperio Romano. Los Padres de la Iglesia aplicaron inteligentemente las teorías metafísicas de Platón. Hasta se proclamaron filósofos como Heráclito y Sócrates como «cristianos antes de Cristo».

El cristianismo fue presentado como la verdadera filosofía. Juan, el evangelista, escribiendo también en griego, había puesto de su parte, como dijimos, trayendo el concepto del *Logos,* aquella Palabra o expresión eterna implantada en cada uno de los seres humanos como la «semilla de la verdad». Este *Logos*, semilla de verdad, había iluminado tanto a los profetas de Israel como a los sabios de Grecia, y finalmente tomó forma humana en Jesús, el Cristo.

Entre esos Padres de la Iglesia, fue Orígenes de Alejandría quien inventó la Teología como ciencia, y luchó con pasión por una definitiva reconciliación entre el cristianismo y el mundo Griego. De esta manera el cristianismo fue presentado como la más perfecta de todas las religiones. La imagen de Dios, oscurecida por la culpabilidad y el pecado en el hombre, volvía a restaurarse en Cristo. La encarnación de Dios llevaba hacia la divinización de todos los seres humanos.

Este pensar, sin embargo, cambió el énfasis original del cristianismo centrado en la cruz y la resurrección de Jesús, hacia la encarnación y la pre-existencia del *Logos* y el Hijo de Dios. Los efectos negativos de esta interpretación helenística ya los sabemos. En sus raíces hebreas el cristianismo no era sólo teoría, sino práctica, una actitud de vida. El pensamiento griego, en cambio, era el de aceptar la verdad y el misterio de Jesús, y no tanto el de imitar a Cristo en sus actitudes y enseñanzas.

---

*Esta explicación de cómo entró el cristianismo al mundo greco-romano es de vital importancia para estudiar la misteriosa figura de Jesús el Cristo. Aunque siguiendo la misma insólita visión positiva del pueblo de Israel, Jesús parece traernos un mensaje de salvación y promesa de felicidad que se va por encima de su propia tradición judía y que llega a ser anunciado a todas las naciones. Dejémonos llevar, pues, por este desarrollo que nos promete, al parecer, la felicidad universalmente añorada.*

## 17) UNA FIGURA ENIGMÁTICA ÚNICA EN LA HISTORIA
*¿Quién es este Jesucristo? ¿Loco revolucionario o el hijo del Dios viviente?*

La figura del Cristo ha sido estudiada e interpretada desde distintos ángulos: el cosmológico, el antropológico, el histórico. El aspecto más antiguo y también más usado trata de interpretar a Cristo en una perspectiva cosmológica, trascendentalmente universal. En nuestros tiempos Teilhard de Chardin ha renovado esta visión poniendo a Cristo como culmen de la evolución plenamente realizada. Hoy en día vemos, más que nunca, la importancia de considerar a la figura del Cristo en todos estos aspectos juntos y sin aislar a cada uno en particular. La realidad histórica, la respuesta universal, y el poder salvífico nos traen una visión conjunta de la realidad de Jesucristo. Más todavía, el último aspecto, el *poder salvífico*, combina a los otros dos en una unidad superior. La persona y la historia de Jesús parecen ser inseparables de su significado universal. Puesto de la otra manera, el significado de Cristo es inseparable de su persona y de su historia.

Antropológicamente se nos ha dado una explicación: la constante y creciente historia de una revelación entendida por el pueblo de Israel. Hemos seguido esa línea progresiva descubierta por ellos paso a paso a lo largo de su historia en el Antiguo Testamento de la Biblia. Los signos, las profecías y los anuncios todos convergen en la figura del Cristo como la realización de *la Promesa*. Este aspecto antropológico nos ha llevado, a través de muchas líneas concurrentes a un solo punto focal en la historia: la figura del Cristo. Sin embargo, el verdadero entendimiento del misterio de Cristo parece que solamente puede ser entendido bajo la luz de la fe. La antropología nos ha dado una descripción anatómica que necesita de la fe como electricidad que le dé vida a este incomprensible misterio.

Los evangelios nos presentan una evidencia acerca de Jesús en forma de narración. La intención de los evangelios es la de ser testigos de un Jesús humano y terreno que resucitó. Los evangelios sobre la vida de Jesús están entendidos solamente a la luz de la fe. Dice Walter Kasper que esta verdad no justifica lo que pueda ser un exagerado escepticismo sobre la historicidad del Nuevo Testamento, pero sí anula todo fundamentalismo bíblico que pretendiera aceptar cada descripción y detalle con autenticidad histórica. Como por ejemplo los narrativos de la infancia de Jesús, escritos en el estilo *midrash*, describen a Jesús siguiendo los modelos del Antiguo Testamento y especialmente como analogía con la historia de Moisés. Su interés es más teológico que biográfico. Su propósito es declarar que Jesús es la plenitud y realización del Antiguo Testamento.

Nos encontramos, sin embargo, ya en otro nivel más firme históricamente, al encontrarnos con el principio y el fin de la vida pública de Cristo que empieza con el bautismo de Jesús por Juan el Bautista en el Jordán y termina con la muerte en la cruz en Jerusalén.

Aunque no tuviéramos el Antiguo Testamento, ni la historia del pueblo judío que nos han ido llevando lentamente a encontrarnos con la promesa del Cristo, la figura de Jesús nos llega con una fuerza avasalladora. Indudablemente Jesús ha sido la figura más fascinante y controversial de todos los tiempos. Nos tiene que intrigar en nuestra búsqueda de la felicidad un ser como Jesús con su mensaje que dos mil años después recurre en todos los pueblos del mundo y en todas las culturas y sus clases sociales.

Jesús no cabe en ninguna categoría humana, es más, él es el hombre que destruye todas las categorías. Es diferente de Juan el Bautista. No llevó una vida de ascetismo huyendo del mundo. Jesús se acerca íntimamente a todos y vive en medio de la gente. No quiere nada para sí mismo, sino todo para Dios y para los demás. No pertenecía a la clase dirigente. Venía de familia humilde y siempre se identificó con las tristezas y problemas de los pobres. Su respeto a la mujer es sorprendente para un hombre de aquellos tiempos. No entiende la pobreza y la enfermedad como castigos de Dios, como se entendía comúnmente en aquel entonces. Nos dice Kasper que Jesús va hacia los perdidos, ama lo perdido. Más sorprendente todavía, escoge a pecadores y rechazados sociales para ser sus compañeros. Hasta los invita a comer con él. Sin embargo no hay en él señal de odio o envidia al rico. Hasta se lleva bien con explotadores y recaudadores de impuestos. Invita a uno de ellos, Mateo, a ser uno de sus discípulos. Nunca parece apoyar una lucha de clases ni la rebelión hacia los gobernantes. Su constante lucha es contra los demoníacos poderes del mal manifestados en el pecado o egoísmo individual o social. Jesús no parece tener «programa», no parece haber ningún plan trazado en su carrera. Su vida está enraizada en la oración a «su padre». Él no es solamente el hombre dado a los demás, sino el hombre de Dios y para Dios.

Jesús no es un erudito o sabio teólogo. Él habla con simplicidad, viva y directamente. La gente de su tiempo enseguida nota la diferencia entre Jesús y los expertos teólogos y escribas de la ley. Él enseña con autoridad propia (Mc 1: 22, 27). Sus discípulos lo entienden como profeta y él mismo se describe en la línea de los profetas para crear, despertar y promover conciencia. Él mismo se dice que es «más» que profeta, más que Jonás, más que Salomón (Mt 12: 41-42). Pero este «más» cuando él lo declara parece tener un tono escatológico: el último, definitivo, trascendente y total profeta. Él parece que trae el mensaje definitivo de Dios, una respuesta total. En los últimos tiempos del judaísmo parecía haber un silencio de Dios. Jesús se expresa como si Dios hablara de nuevo. Nos debe intrigar cómo un pequeño grupo de discípulos de Jesús, de poca educación y dudosa presencia podía haber sido el punto de giro de la historia del mundo. Ellos anunciaban a un hombre que se decía ser hijo de Dios. Ese hijo de Dios decía haber sido mandado al mundo con la misión de anunciar el reino de amor de un Dios que se había revelado en la historia como Padre amante de todos los seres humanos.

Sin embargo Jesús era un hombre normal, nos dice José Luis Martín Descalzo. Aunque *si por normalidad definimos esa estrechez de espíritu, ese egoísmo, que adormece a la casi totalidad de la raza humana, Jesús no fue evidentemente un hombre normal*. Jesús sabía lo que quería. Sus palabras eran claras y transparentes, presentan realidades básicas de una manera que ilumina e intranquiliza a la vez, como decía Romano Guardini. Las parábolas de Jesús invitaban a pensar, a reflexionar. Todas ellas tenían siempre un giro inesperado, algo de subversivo e inquietante. *Su palabra era siempre una flecha disparada hacia la acción*. Es triste ver a lo largo de la historia del cristianismo, por una u otra causa, cómo muchos líderes cristianos, al parecer se olvidan de las enseñanzas y las actitudes de Cristo en los evangelios, y enfatizan solamente la obediencia con palabras autoritarias que no dejan espacio para pensar.

Nos dice Martín Descalzo que *Jesús no dice grandes cosas nuevas y mucho menos verdades esotéricas e incomprensibles; no trata de llamar la atención con ideas desconcertantes y novedosas. Dice cosas racionales, que ayuden sencillamente a la gente a vivir. Y sus razones son más de sentido común, que de altas elucubraciones filosóficas.*

Sorprende también en las palabras de Jesús su tremenda libertad. Jamás fundador alguno dejó a sus sucesores una obra tan libre, disponible, no institucionalizada. Prácticamente Jesús no dejó a los apóstoles ninguna de las instituciones de la Iglesia posterior, a no ser la de reunirse de vez en cuando para celebrar la cena en memoria suya y de su venida futura. El resto quedó totalmente abierto como en manos de ese anunciado Paráclito, el Espíritu Santo, que les iba a enseñar todas las cosas y les recordaría todo lo que él había dicho (Jn. 14: 26).

Jesús no cabe en ninguna categoría ni en el mundo antiguo ni en el moderno. Ni siquiera las categorías del Antiguo Testamento son adecuadas para entenderlo. Él es único en la historia. Él es y siempre será un misterio. O era un loco que se creía Dios, o realmente, viendo todos los aspectos, nos encontramos con ese misterio del Dios que se hizo hombre para salvarnos y darnos la felicidad. Los religiosos y sacerdotes de su época lo mataron porque perdonaba los pecados, blasfemia intolerable, pues sólo Dios podía perdonar los pecados.

Martín Descalzo nos da una respuesta a esta disyuntiva. Aunque sea provisional e incompleta sí podemos dar una respuesta a la pregunta de si ese Jesús era Dios, dice el autor:

*Cualquier lectura imparcial de los evangelios muestra, sin duda alguna, que Jesús se presenta a sí mismo como mucho más que un hombre; como la plenitud del hombre; como alguien igual que su padre, Dios; como Dios en persona. Sin aceptar estas afirmaciones, no puede entenderse una sola página evangélica. Jesús actúa y habla como alguien que tiene poder sobre la naturaleza, sobre la ley, sobre el peca-*

do, sobre la salvación y condenación. Y sus discípulos –aunque no acabaron de entender nada de esto mientras él vivía– así lo confesarán abiertamente en todas las páginas del Nuevo Testamento. Pero esta respuesta es puramente provisional. Jesús debe ser juzgado por sus frutos y a lo largo de toda su vida.

---

*Coincidamos con Martín Delcalzo en seguir buscando una respuesta más profunda y completa sobre Jesús de Nazaret, aunque realmente ya hayamos encontrado una figura clave a nuestra búsqueda de la felicidad. Encontremos y estudiemos cuál era el verdadero mensaje de ese Jesús, el Cristo, e indaguemos si realmente él tiene respuesta para nuestra pregunta sobre la felicidad.*

---

### 18) EL MENSAJE DE UN REINO QUE NO ES DE ESTE MUNDO
*El reino que no es de este mundo pero que ya está en este mundo*

Jesús viene con un mensaje al que los evangelistas llaman «la buena noticia». La buena nueva incluye un cambio de actitud de vida, una nueva interpretación de la vida, una nueva «conscientización», ¿quizás el verdadero propósito de la vida?

Martín Descalzo, magistralmente, nos describe con emoción, cómo tuvo que ser la entrada de la predicación de Jesús para las gentes de Galilea:

> *La llamada de Jesús («Se ha cumplido el tiempo, se acerca el reino de Dios», (Mc 1: 15) debió sonar en el contexto social de la época como una campana que ponía en pie los corazones. No invitaba ni a defenderse, ni a matar, pero no era, por ello, menos radical o revolucionaria. Porque lo*

*que anunciaba era, nada más y nada menos, que había que cambiar las mismas raíces del mundo.*

Cristo venía dispuesto a responder aquellas preguntas que han acosado siempre al ser humano. Parecía tener respuestas para definir el propósito de la vida y más todavía, darle sentido a la muerte y al sufrimiento. ¿Por qué el corazón del hombre tiene tantos deseos de paz y se alimenta de odio? ¿Por qué unos aplastan a otros y por qué los otros sólo sueñan con la vuelta de la tortilla, en la que ellos sean los aplastadores? ¿Por qué el hombre tiene tanta necesidad de Dios y cuando lo encuentra, se aparta de él y lo olvida? ¿Por qué la soledad nos come el alma?

*Y he aquí que, cuando nadie lo esperaba, alguien llega con respuestas, anuncia un mundo nuevo y distinto e invita a la aventura de recibirlo y construirlo. Alguien que, además, no trae respuestas teóricas, sino que está dispuesto a embarcarse en vanguardia de la gran aventura, a inaugurar en su carne y su persona ese reino nuevo que anuncia. Sus contemporáneos tuvieron, por fuerza, que sentir primero un asombro, después un desconcierto, finalmente un entusiasmo. Por fin llegaba algo distinto, lo que todos soñaban sin atreverse a esperarlo del todo. Sí, sonó entonces como un clarín de combate. Un clarín cuyo grito no se ha extinguido y sigue aún sonando para cada uno de los seres humanos.*

Jesucristo, según los evangelios, llevaba un mensaje concreto que Marcos nos resume al anunciarnos que el reino está cerca: cambien sus caminos y crean en la Buena Nueva. El centro y el marco de su predicación y misión era la idea de que se acercaba el reino de Dios.

El reino de Dios del que habla Cristo es una transformación de los seres humanos en una nueva dimensión. Jesús no viene a mejorar al ser humano, viene a crear un ser humano *nuevo*. En ese sentido Jesús predica algo revolucionario que abarca el interior y el exterior, lo espiritual y lo mundano, el individuo y la comunidad, este mundo y el otro. Es un dirigir el alma en otra dirección. Y dice Jesús que este reino ya ha empezado y que está en marcha, en proceso, aquí en este mundo. Está tanto en el individuo como en la comunidad. Jesús llama al individuo para que viva su conversión en la comunidad. Según la predicación de Jesús el reino estaba dentro de nosotros, no encerrado sino abierto a toda realidad, pero que sabiendo que la tierra donde el Reino comienza a germinar es la del propio corazón de quien escucha. Jesús anuncia una liberación de todo mal, un cambio de todo. El Reino viene a transformar un universo regido por el dinero, el placer egoísta, y el ambicioso poder, a otro universo gobernado por el amor, el servicio y la libertad.

Los seres humanos seguirán con sus herejías de ayer y de hoy para tratar de empequeñecer la obra de Dios y encajonarla en categorías fragmentarias. Se va de un extremo a otro, pero siempre cerrándose en pequeñas categorías: o sólo lo social, o sólo lo político, o sólo lo psicológico, o lo interior personal.

El Reino de Dios anunciado por Cristo implica mucho más: de un cambio radical en las relaciones entre los seres humanos, donde el servicio mutuo sustituyera al egoísmo y al dominio; donde se respetara toda vida; donde el amor no se viera esclavizado por el placer sexual irresponsable; donde reinase la libertad, tanto exterior como interior; donde fueran derribados todos los ídolos de este mundo y se implantara la soberanía del Dios de vida y de salvación en los corazones y en la vida social.

Misteriosamente, ese Dios respeta la libertad humana, por lo tanto el Reino tiene que venir en un proceso de crecimiento individual, social, universal. Siguiendo el proceso histórico que nos enseñaron los judíos, el Reino de Dios tiene que ocurrir en una evolución en el tiempo. El Reino es «ya» una realidad, y al mismo tiempo, «todavía» será una evolución dinámica a la que todos los seres humanos estamos invitados a participar y completarla.

## 19) ¿UNA RESPUESTA UNIVERSAL?
*¿Puede Jesús contestar todas las preguntas fundamentales del hombre?*

Volviendo a la manera como viene el anuncio del Reino en aquel entonces, observamos algo muy curioso. Aunque nunca Jesús llega a definir lo que significaba el reino de Dios, tal parecía que sus oyentes estaban familiarizados con ese concepto. ¿Sería éste la realización de la Promesa dada a Abraham, confirmada y anunciada a través de toda la historia de Israel? ¿Sería Cristo mismo, su misterio, su mensaje, el Reino de Dios?

Cristo nunca dice lo que llegará a ser el Reino, sólo nos da comparaciones, imágenes alegóricas. Pero la que más usa es la de la semilla en distintas formas. La semilla que cae en tierra y tiene que *morir* para que germine. La semilla que lleva tiempo en la oscuridad antes que brote a flor de tierra. La semilla, que, cuando crece, se va volviendo un árbol tan grande que en sus ramas las aves del cielo ponen sus nidos.

Jesús habla de libertad, de justicia, y de perdón. Habla de perdonar a los enemigos, un absurdo ante la justicia humana. Critica la hipocresía, el estancamiento, y las actitudes de enjuiciamiento. Él parece estar hablando de una nueva dimensión, quizás de una manera nueva de interpretar la Alianza del Antiguo Testamento o hasta la posibilidad de una nueva Alianza, un nuevo pacto entre Dios y los seres humanos. Las señales se vuelven más claras a la luz del Antiguo Testamento. Isaías, contra toda especulación y expectativa, ha anunciado al Mesías como el Siervo Sufriente.

Habían pasado dos siglos desde que Isaías lo había descrito. Jesús se presenta como aquél que los Patriarcas añoraban y cuyo advenimiento soñaban poder ver.

> En cuanto a Abraham, padre de ustedes,
> se alegró pensando ver mi día.
> Lo vio y se regocijó.
>
> (Jn. 8: 56).

Cuando Juan el Bautista manda a sus discípulos a preguntarle si él era «el que había de venir», Jesús responde «Vayan y cuéntenle a Juan lo que ustedes están viendo y oyendo: los ciegos ven, los cojos andan, los leprosos quedan limpios, los sordos oyen, los muertos resucitan, y una Buena Nueva llega a los pobres. ¡Y dichoso aquél para quien yo no sea motivo de escándalo!» (Mt 11: 4-6). Allí estaban las señales claras de que él era el Mesías. Así lo habían anunciado los Profetas con esas mismas palabras que ahora Cristo les recita a los discípulos de Juan, palabras que describían lo que él ya estaba haciendo por todos esos territorios de su misión.

De acuerdo con sus testigos, Jesús era la realización de la Promesa. Escribe Pablo a los Colosenses:

> Él es la imagen del Dios que no se puede ver,
> y para toda criatura es el Primogénito,
> porque en él fueron hechas todas las cosas
> en el cielo y en la tierra,
> el universo visible y el invisible,
> Tronos, Gobiernos, Autoridades, Poderes...
> todo fue hecho por medio de él y para él.
>
> (Col 1: 15-17).

Juan el evangelista se refiere a Cristo como la Palabra, el «Logos» se hizo carne. Esta interpretación griega le da a la Promesa judía un carácter universal. Cristo es la realización de la promesa universal de salvación.

> Y la Palabra se hizo carne,
> y puso su tienda entre nosotros,
> y hemos visto su Gloria.
> La Gloria que recibe del Padre el Hijo único;
> en él todo era don amoroso y verdad.
>
> (Jn 1: 14).

Es precisamente Juan el evangelista quien identifica a Cristo como el Siervo Sufriente de Isaías. Al dar el testimonio del Bautista justo antes del bautismo de Jesús se hace el anuncio: «Ahí viene el Cordero de Dios, el que carga con el pecado del mundo» (Jn 1: 29). El Siervo Sufriente de Yahweh es identificado con el cordero inmolado en la celebración judía de la Pascua, pero ahora en la celebración de la nueva Pascua, la nueva Alianza. Jesús, el Cristo, según Juan el evangelista, en boca de Juan el Bautista, es el Cordero de Dios.

La Alianza, el pacto de sangre sagrado entre Dios y los judíos, había sido el punto central en la historia de Israel. El pueblo judío considera este evento único como principal evidencia de su unidad como nación y pueblo. Por esta Alianza ellos audazmente expresan su distinción de ser considerados como «el pueblo escogido». Todo el Antiguo Testamento ha sido escrito bajo la luz del pacto de la Alianza como su evento histórico más importante.

Este pacto de la Alianza fue primero establecido con el Patriarca Abraham para expresar esa relación personal de amor entre Dios y la creación. Dios hace un pacto con Abraham y le pide que lo selle con sangre. Con la circuncisión cada hombre debe sellar activamente ese pacto con Dios. Abraham es bendecido con una bendición eterna y a través de él serán bendecidos todos los hijos de Israel. En el Monte Sinaí Moisés renueva ese pacto con Dios en nombre de su Pueblo. El pacto de la Alianza se convierte entonces, con la Ley recibida, en documento oficial escrito para la posteridad. Sin embargo, Cristo parece hablar ahora de una nueva y eterna Alianza por la cual todos en la humanidad serán bendecidos para siempre. Este nuevo pacto de la Alianza, tal como él lo quiere enfatizar, viene como la cualidad única especial de una nueva Ley que será el **punto central del cristianismo** para toda la humanidad.

Los evangelistas Mateo y Marcos, especialmente, señalan la importancia de este nuevo pacto de alianza entre Dios y la humanidad entera con sus nuevas características. En sus evangelios, Mateo y Marcos, tratan de llevar el significado y la profundidad del misterio de la Nueva Alianza. Los dos relatan con gran sensibilidad y especial solemnidad lo que ellos conciben como el Nuevo Pacto de la Alianza poniendo la escena en un monte, figura bien conocida en la tradición como de solemnidad y «sacralidad». Mateo presenta a Jesús como el nuevo Moisés que promulga la Nueva Alianza en un nuevo Sinaí:

Jesús, al ver toda aquella muchedumbre, subió al monte. Se sentó y sus discípulos se reunieron a su alrededor. Entonces comenzó a hablar y les enseñaba diciendo:

*Felices los que tienen espíritu de pobre, porque de ellos es el Reino de los Cielos.*

En aquel mundo de la Roma Antigua donde hizo su aparición el cristianismo, estas palabras parecerían absurdas, tal como lo pueden ser hoy. Predicar la pobreza en un mundo en el que todos quieren ser ricos, nos parece una contradicción a la búsqueda de la felicidad. Tanto la Roma decadente de entonces, como el mundo de hoy, alaban la riqueza, la buena vida, el poder, el placer egoísta, y el poseer todas las «cosas» inimaginables. Esta hambre de riqueza llega a alturas tan exorbitantes que hasta los mismos económicamente pobres desean tanto ser ricos que sacrifican todo por buscar esa riqueza tan anunciada, que ni siquiera a los ricos hace felices.

Emigrantes de países pobres llegan en cientos de miles a las ciudades de países desarrollados buscando un paraíso terrestre que no existe. Son esclavizados inmediatamente, no sólo por esos sistemas económicos deshumanizantes donde sólo el dinero tiene valor, sino también por sus propios instintos y su propia voluntad. Al poco tiempo de llegar a esos países desarrollados se convierten en «consumidores» irremediables sin control ni discreción. Quieren tener todo aquello que se les anuncia por los medios de comunicación y que, según los anuncios comerciales, los harán «felices instantáneamente», tal como lo son los ricos...

Nadie quiere la pobreza, y sin embargo los países pobres se hacen cada vez más pobres. Los pobres y marginados que viven en nuestros países desarrollados se frustran cada vez más pues no pueden «competir» con los ricos. En las ciudades de los países desarrollados, cada día más aumentan el crimen y la delincuencia por aquellos desviados que quieren hacerse ricos a toda costa. Y los ricos, sobre todo aquellos que hicieron el dinero fácil, tratan de olvidar que los pobres existen y tratan de taparse los oídos con más lujo y extravagancias. El resultado es que todos son infelices y viven en constante angustia.

En esta primera bienaventuranza en el Sermón del Monte, Cristo bendice a los pobres, pero no se refiere a los pobres económicamente. Cristo habla en un nivel muy superior con una profundidad que nos obliga a reflexionar. Cristo pone la felicidad clara y llanamente no en el poseer, no en el dominar, no en el triunfar, no en el gozar, sino en el *amar y ser amado*. ¡Tremenda y misteriosa paradoja!

Jesús no quiso alabar la simple ausencia de bienes materiales. Esta bienaventuranza del evangelio va mucho más allá de un puro problema de dinero. Se puede ser económicamente pobre, carecer de todo, y tener por dentro una monstruosa ambición egoísta que usualmente incluye la envidia y la degenerante codicia. Ahí no está el espíritu de pobre al que Cristo bendice. Por otra parte Cristo no podía referirse al otro extremo de aquellos ricos que con la disculpa de que no están «apegados» a las riquezas siguen viviendo disfrutando cómodamente de ellas sin importarles los demás ni hacer el menor esfuerzo por cambiar las estructuras sociales, políticas y económicas que sólo los favorecen a ellos. Cristo ya había hablado de las riquezas que oprimen y dan muerte, en contraposición de las riquezas verdaderas que dan vida y producen fruto sociales y universales.

Cristo se refiere a una pobreza de espíritu que significa *liberación que incluye el amor*. Una liberación que invita a la mansedumbre, a la humildad, a la vida sencilla, sin derroches, al poner la riqueza tanto intelectual, social, o económica, al servicio de los demás. Esta pobreza parece ser un ideal tan alto que sería casi imposible de alcanzar.

¿Quién se puede salvar, entonces? Le preguntan a Cristo sus apóstoles la famosa imagen del camello tratando de pasar por el ojo de una aguja. «Para los hombres es imposible, pero para Dios todo es posible» (Mt 19: 24-25). La misericordia de Dios es mucho más grande que todo lo que el ser humano pueda imaginarse. Y la vida de una manera u otra nos hace a todos encontrarnos con nuestra propia pobreza. Ya sea una enfermedad, o un fracaso, o una misteriosa crisis emocional o física, nos pueden hacer despertar de nuestro letargo, y volver a mirar hacia arriba y encontrar a Dios. Sólo la pobreza, el sentirnos dependientes de fuerzas superiores y misteriosas, o necesitados de depender de otros en la vida, o encontrar la verdadera pobreza en otros que habíamos pasado por alto, nos puede ayudar a encontrar la verdadera riqueza. Sólo el aceptar nuestra propia pobreza, nuestras necesidades, nuestra hambre de felicidad, nos puede hacer entender la verdadera felicidad y aquella inconcebible bienaventuranza de Cristo: ¡Felices los pobres de espíritu, porque de ellos es el Reino de los Cielos!

Pero, ¡hay de aquellos que quieran comprar la felicidad con «placebos» y diversiones denigrantes para los demás. ¡Hay de aquellos que ignoran concientemente sus propias necesidades y las necesidades de los demás!

*Felices los que lloran, porque recibirán consuelo.*

Y ahí Jesús nos incluye a todos, a toda la humanidad, porque todos sufrimos y lloramos. Lloramos cuando nos sentimos indefensos, pobres, desamparados y solos. Llora una madre cuando su hijo sufre o está con hambre o enfermo. Lloramos por la ausencia de un ser querido. Lloramos cuando vemos el sufrimiento en los demás. Nuestra historia nos trae recuerdos de tragedias y catástrofes que se vuelven a repetir una y otra vez. Guerras y masacres que nos espantan y nos hacen llorar. Lloramos con un llanto que sólo Dios puede consolar. ¡Felices los que lloran, porque recibirán consuelo!

*Felices los pacientes, porque recibirán la tierra en herencia.*

La paciencia, quizás la virtud más importante y a la vez, la más olvidada. También esta bienaventuranza es traducida como: Felices los mansos y humildes de corazón. Y ahí está la mejor definición de los pacientes. Jesús nos dijo: «aprendan de mí que soy manso y humilde de corazón» (Mt 11: 29). Y tenemos que volver a la imitación de Cristo en toda su actitud y sus enseñanzas. Ser manso y humilde no significa no ser fuerte, sino mostrar con suavidad la fortaleza interior. Ser paciente significa aceptar a los otros como son, con amor y perdón, pero con fuerza suficiente para ayudar a cambiar situaciones difíciles y conflictivas. Ante crisis matrimoniales, crisis familiares entre hermanos y amigos, crisis sociales, políticas y económicas, esta bienaventuranza de Cristo nos tiene que hacer reflexionar y tratar de ser mansos y humildes, fuertemente pacientes, y entonces podremos entender el premio que Jesús promete: recibiremos la tierra en herencia, el Reino de Dios que ya está en este mundo, pero que debe seguirse desarrollando con paciencia por los mansos y humildes de corazón.

*Felices los que tienen hambre y sed de justicia, porque serán saciados.*

Y ¿quién no ha sufrido una injusticia en su vida? Nuestra visión fragmentaria de la vida nos hace muchas veces ser injustos unos con otros. Queremos siempre tener razón y no contamos con las razones de los demás que quizás ven la misma situación desde otro ángulo. Culpable o inocentemente somos injustos, sin embargo sólo reconocemos las injusticias cuando somos nosotros las víctimas. En el mundo creamos sistemas sociales y políticos injustos y usualmente nos lavamos las manos para no comprometernos. Sólo cuando las injusticias se cometen contra nosotros se entiende realmente lo que es injusticia.

Tener hambre y sed de justicia significa vivir rectamente haciendo el bien cada día. Vuelve Jesús a enseñarnos una actitud de vida entregada al amor y a la verdad, trabajando arduamente por mejorar el mundo. Quien vive este ideal chocará irremisiblemente con la injusticia. Entonces, si somos capaces de actuar buscando el bien, y de sobrellevar con paciencia y mansedumbre los reveses de tan tremenda empresa, seremos saciados. Si somos capaces de vivir con esperanza sin nunca volvernos cínicos, seremos realmente saciados. Cristo bendice a los que buscan la justicia y la verdad. ¡Benditos, bienaventurados los que buscan el Reino de Dios y su justicia, todo lo demás se les dará por añadidura!

*Felices los compasivos, porque obtendrán misericordia.*

La prueba más grande de que se es un ser verdaderamente humano en todas las culturas y creencias, es la *compasión*. Un ser que no es compasivo, no es un ser humano. Hoy en día con los avances de la psicología podemos reconocer y analizar los traumas que poseemos ya sea por nuestra configuración genética o por las situaciones familiares y sociales complejas a las que todos estamos expuestos. Sin embargo, en nuestro interior, todos tenemos ese llamado a ser compasivos.

Pero la compasión puede ser constantemente obscurecida por nuestro egoísmo, orgullo o cinismo. Por lo tanto es necesario, como en todas las virtudes, hacer un esfuerzo para saltar los obstáculos que el mundo nos presenta. Reiteramos que no podremos nunca encontrar la felicidad hasta que entendamos profundamente la necesidad de amar y ser amados. La compasión es la mayor muestra de amor. Al fin Dios mismo nos dará su compasión y la plenitud de su misericordia.

*Felices los de corazón limpio, porque verán a Dios.*

La pureza de corazón puede definirse como pureza de conciencia. El rey David se vuelve a Dios en los Salmos pidiéndole «un corazón puro, un espíritu recto» (S. 51: 12). Sin embargo, en esta nueva dimensión, Cristo proclama una actitud de vida que da al traste con el fariseísmo al que él ataca por todos los medios. La insistencia de la regla sin espíritu hace a Jesús aclarar que la relación con Dios y la de los seres humanos unos con otros es el amor. En una relación de amor tiene que existir la pureza de corazón que se traduce en confianza mutua, que va por encima de las propias debilidades y defectos de los hombres. El engaño, la mentira, no tienen lugar en un corazón limpio.

Cristo puso al descubierto el corazón sucio de los fariseos que querían apedrear a la adúltera. Y lo declara bien claro en ese pasaje del evangelio: la adúltera, a pesar de ser pecadora, tenía su corazón limpio; los fariseos, que querían apedrearla, inclusive respaldados por la ley, no tenían corazón limpio. ¡Con qué ternura despidió Jesús a aquella mujer! Sin embargo, él no se cansó de atacar la hipocresía de los fariseos. Nos escandaliza todavía cuando leemos la parábola del fariseo y el publicano, cómo Cristo condena al «religioso» y cumplidor fariseo, que daba gracias a Dios en el templo por lo bueno que era, y que para muchos cristianos hoy en día sería su modelo perfecto. Cristo, en cambio, alaba al pecador publicano que con humildad pedía perdón compungido golpeándose el pecho. El publicano pecador tenía un corazón puro, sin embargo el fariseo no.

El tener un corazón puro parece ser un proceso, una actitud de vida constante, con constantes arrepentimientos, con esfuerzos que van clarificando cada vez más la visión positiva de Dios en la vida. Por eso Cristo bendice a los de corazón puro y les promete que ellos verán a Dios creciente y sin obstáculos desde ahora hasta el final en la completa plenitud.

*Felices los que trabajan por la paz, porque serán reconocidos como hijos de Dios.*

En aquel mundo violento en que Jesús vivió y que le costó la vida a él mismo, su título anunciado por los profetas era el de *Príncipe de la Paz* (Is 9: 6). En estos tiempos de violencias personales, familiares y sociales; tiempos de guerras, terrorismos y discordias, esta bendición de Jesús para los que trabajan por la paz cobra una vida especial. Cristo no sólo exalta a aquellos que solucionan y son mediadores en las discordias entre los hombres, sino en un sentido más positivo: aquellos que son *difusores y sembradores de paz*.

La paz a que Cristo se refiere no es una paz aburrida y cobarde, es una paz tensa y de lucha. No es la paz, simple ausencia de guerras, sino una paz activa producto de la justicia puesta en práctica. La paz anunciada por Jesús era una de positivo amor entre todos los seres humanos, una paz donde se asentaría un orden nuevo. Cristo bendice y premia a aquellos que trabajen por la paz, porque ellos serán reconocidos como hijos de Dios.

*Felices, Bienaventurados los que son perseguidos por causa del bien, porque de ellos es el Reino de los Cielos.*

Tal parece que la persecución es el signo de los elegidos tanto en el Antiguo como en el Nuevo Testamento. La persecución distinguió siempre a los profetas. Así será la cruz el signo de los cristianos. La proximidad de Dios se paga con la hostilidad de quienes nos rodean. Cristo trae una actitud de vida muy clara de verdad, justicia y amor, que provocará siempre reacciones hasta violentas entre aquellos que se dejan llevar por la hipocresía y la envidia del egoísmo.

En la vida de Cristo, su mensaje y hasta sus milagros provocaban las más sorprendentes reacciones de los fariseos y religiosos escribas. Nos sorprende que al Jesús curar a un enfermo o a un ciego, aquellos fariseos sólo se fijaban en que los había curado un sábado en que no se podía «trabajar» según la ley judía. Mientras el pueblo seguía maravillado a Jesús porque hablaba con autoridad, firmeza, y espíritu, a aquellos sacerdotes y fariseos, que repetían reglas y mandamientos de carretilla, no escuchaban a Jesús. Más todavía, las palabras de Jesús les quemaban los oídos y les revolvían su conciencia hasta el punto de la violencia. Jesús tenía palabras de vida eterna, y esto provocaba la agitada reacción del mal todavía contenido en fuerzas desordenadas y caóticas todavía existentes en esa misteriosa creación. Las fuerzas de Satán siempre siguen presentes en contra del bien y en contra de cualquiera, que como los profetas sigan denunciando el mal y anunciando la esperanza y el amor.

Jesús agrega una bienaventuranza más, especialmente para sus discípulos de todos los tiempos:

*Felices ustedes, cuando por causa mía los insulten, los persigan y les levanten toda clase de calumnias.*
*Alégrense y muéstrense contentos, porque será grande la recompensa que recibirán en el cielo.*
*Pues bien saben que así persiguieron a los profetas que vinieron antes de ustedes.*

(Mt 5: 2-12)

Por el misterio de la Encarnación debemos creer que la humanidad entera tiene ya a Cristo en su interior. Por lo tanto, cada ser humano que en alguna forma lleve la actitud de Cristo y sus enseñanzas de amor en servicio a los demás, aunque no conozca a Cristo de nombre, (Señor, ¿cuándo te vimos desnudo, solo, con hambre...?)ése compartirá estas bendiciones de las bienaventuranzas incluyendo la bendición por ser perseguido pues éste será el signo de ser su discípulo y profeta de la salvación universal.

¡Las Bienaventuranzas nos sorprenden! Éstos no son ahora mandamientos. No son reglas ni listas de cosas buenas y malas. ¡Son bendiciones! Las Bienaventuranzas descubren una nueva intimidad con Dios que va más allá de la moralidad y la ética. Jesús no está hablando siquiera en términos ni principios religiosos, sino de algo más profundo. Él se refiere ahora a profundas *actitudes* humanas, una auténtica espiritualidad para el cristiano, o mejor dicho, una nueva manera de ser para todos y cada uno de los seres humanos. Jesús habla de un ideal que se convierte en un constante, y creciente, desarrollo de conciencia, sin límites: un ideal puesto en *acción*.

El mensaje de Cristo en el «Sermón del Monte» no es una suma de preceptos. Trata de una *imitación* de Cristo mismo, de su actitud, de su libertad de acción, de su entrega a los demás. Imitar a Cristo, dicen los autores de tantos volúmenes escritos, no significa seguir o cumplir un cierto número de regulaciones.

Si reflexionamos bien, nos damos cuenta de que hay muchas y buenas razones por las cuales el Sermón del Monte abre con promesas de felicidad a los que no son felices. El regalo, don, gracia, están precediendo a la norma, la demanda, la directiva. Todos y cada uno somos llamados, a todos se nos ofrece la salvación, sin previos cumplimientos. Y las directivas mismas son consecuencias de este mensaje del Reino de Dios.

Si en el Sinaí el pueblo de Israel aceptó la Ley como un gesto amoroso de Dios, ahora en el Sermón del Monte, la humanidad entera debería de recibir con alegría esta nueva dimensión del amor de Dios: el mensaje de Cristo de esta Nueva Alianza. Las Bienaventuranzas son bendiciones para toda la humanidad, para cada uno de los seres humanos que *sufren y trabajan* a través de la vida buscando su plenitud en sí mismos, en la relación práctica y viva con los demás, y en construir un mundo de justicia, paz, y amor. Eso parece ser una definición del Reino de Dios, y las Bienaventuranzas que nos trae Cristo parecen un código para todo el que *busca* ser una persona conciente y activamente feliz.

Jesús expresa las Bienaventuranzas con un lenguaje lleno de amor y ternura que va muy por encima del tono con que los seres humanos usualmente ponían en boca de los dioses. El lenguaje que usa Cristo no va en tono de premio o de castigo. El Sermón del Monte da una nueva dirección que incluye cada aspecto de la vida, verdaderamente una realización de una superior integración espiritual: total y personal *entrega* en amor. En el Sinaí la Ley cubría de una manera primitiva la relación entre Dios y los seres humanos y entre los seres humanos unos con otros, lo vertical y lo horizontal. Las Bienaventuranzas hablan en un lenguaje de amor, con una profundidad íntima inusitada en el pensamiento del Sinaí.

Sin embargo, si leemos entre líneas, entendemos que como un verdadero pacto de Nueva Alianza, tiene que haber una respuesta real y responsable de parte del ser humano. Dios pone de su parte ofreciendo la felicidad. El ser humano tiene que poner ahora su parte en el pacto. El Sermón del Monte insiste en acción. Hans Kung comenta que en vista de esa realidad del Reino de Dios, se espera del ser humano una transformación fundamental. Muchos autores concuerdan que la revolución moral que proclaman las Bienaventuranzas no ha llegado a la plenitud y que todavía le falta mucho por entenderse y practicarse. Las Bienaventuranzas se oponen a todos aquellos valores convencionales de tanto el mundo judío como el grecorromano, inclusive da bendiciones a aquellos que no compartían esos valores. En las Bienaventuranzas no sólo son repudiados esos valores externos de riqueza, vanidad y poder, sino también aquellos valores personales que tienden a una ambición y trabajo personal desmedidos.

Las Bienaventuranzas, finalmente, exaltan al Siervo Sufriente como modelo para la humanidad. El ideal del Sermón del Monte es tan alto que significa un proceso de vida cuya meta parece inalcanzable si se cuenta solamente con la propia fuerza humana. Este ideal es una llamada. La respuesta tiene que venir libremente de cada uno, pero la realización a esa respuesta tiene que venir de Dios. Este pensamiento es básico y de suma importancia para entender una verdadera espiritualidad cristiana.

El Sermón del Monte proclama la respuesta que Dios pide a los seres humanos en la Nueva Alianza. Después viene lo que Dios pone de su parte en este nuevo pacto: el propio sacrificio de Cristo por los seres humanos, el Siervo Sufriente, el Cordero de Dios. El ofrecimiento de sí mismo de Jesús es considerado como la prueba dada por Dios de su fidelidad en el pacto de la Nueva Alianza. Cada uno de los seres humanos puede imitar a Cristo en las actitudes de las Bienaventuranzas con la ayuda del mismo Cristo. Él ha redimido a la humanidad, a cada uno de los seres humanos por su muerte y resurrección.

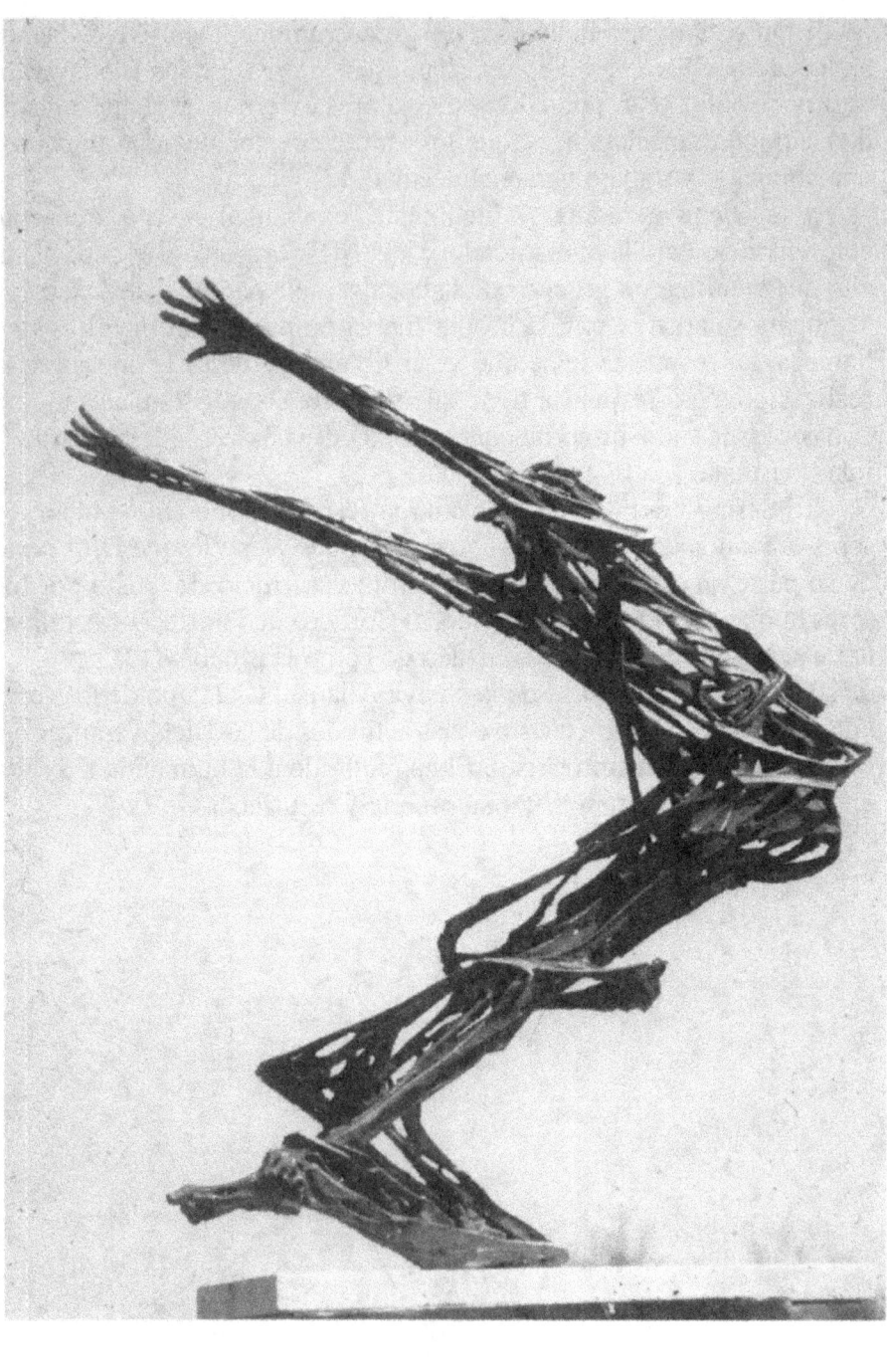

## 20) LA GRAN CONTRADICCIÓN: MORIR PARA ENCONTRAR LA VIDA
*El misterio de la felicidad según el cristianismo*

Aunque la vida oculta y la vida pública de Jesús ofrecen material abundante para una espiritualidad basada en la imitación de Cristo, en su pasión, muerte y resurrección marcan el centro de la espiritualidad cristiana. Esto que se denomina *el Misterio Pascual* ofrece una explicación al misterio de la vida y el amor, y del propósito de la vida y la felicidad misma.

En las palabras de Cristo en la última cena Jesús parece revelar el misterio de la redención y la realización plena de la Promesa de tantos siglos. *«Este es el cáliz de mi sangre, sangre de la nueva y eterna alianza, que será derramada por ustedes y por todos para el perdón de los pecados».* Por medio de estas palabras, que se han usado en la consagración de la Eucaristía durante 2000 años, aparece sellado realmente, no simbólicamente, el Nuevo Pacto de la Alianza. Cuando Dios hace el pacto con Abraham, es un pacto de sangre con la *circuncisión* de cada varón. En la Nueva Alianza es la misma sangre de Cristo, derramada profusamente en su pasión y muerte, y hasta la última gota, como se destaca en los evangelios (Jn. 19: 35). La sangre de Cristo sellará esa eterna relación de amor entre Dios y el ser humano universal.

Es en este Misterio Pascual donde se puede comprender la plena revelación de la vida, su propósito, y de la espiritualidad cristiana a seguir. A la luz del Misterio Pascual se puede entender entonces el verdadero sentido del Sermón del Monte y el valor trascendental de las Bienaventuranzas.

Nunca se podrá entender a plenitud el profundo misterio del propósito de vida de Cristo. Pero a través de una mirada a su vida puede ser que podamos entender nuestro propio propósito de vida tanto individual como social. Gilles Cusson explica que al morir Jesús, siendo juzgado, condenado, por ese mismo mundo que él venía a salvar, y resucitar a la vida por el poder de Dios, se coloca a la cabeza de esa Nueva Creación.

Cristo es presentado ahora en la misma línea trazada por el Antiguo Testamento en el culmen de la madurez del pueblo de Israel. A través de siglos de evolución, el deseo por la realización de la Promesa viene a su fin con un nuevo empezar. Esta *nueva dimensión* amplía la visión a unas consecuencias ya anunciadas por los escritores judíos, los profetas, y los sabios.

La Nueva Alianza abre una nueva dimensión, una nueva creación, pero sigue el mismo patrón y direcciones ya vividas por el pueblo de Israel. La muerte que parece ser la negación completa de la vida es ahora, transformada en Cristo, en un camino de vida ilimitada y eterna. Lo negativo se ha transformado en la fuente de todo lo positivo. A través de todo el proceso de crecimiento en conciencia del pueblo de Israel ellos han creído en un Dios de la Vida que finalmente puede vencer a la muerte. Pero nunca aparece en su historia que el pueblo de Israel comprendiera realmente el significado pleno de esta creencia.

Por encima de todo, la victoria sobre la muerte no se ha logrado con una fórmula mágica, ni negando a la muerte y lo negativo de la vida, ni ignorando las consecuencias del mal y el sufrimiento. No ha venido como en las tragedias griegas, «Deus ex machina», que de pronto aparece detrás de bastidores con una esperada y fácil solución. La victoria de Cristo es afirmada por la sufrida aceptación de la condición humana con sus diarias demandas. El triunfo de Cristo está basado en su aceptación humilde, y mejor todavía, su fidelidad al misterioso diseño de Dios en su creación. Su confianza en Dios lo llevará a través del sufrimiento y de la muerte misma.

Por eso insiste Pablo en que solamente Cristo, y él crucificado, puede ser el verdadero fundamento de su mensaje de vida. El Cristo crucificado es piedra de escándalo para los judíos y completo absurdo para los gentiles (1Cor 1: 22-25), pero es definitivamente la fuente de vida, el poder y la sabiduría de Dios para todos los que son llamados. Y definitivamente, ésta puede ser *la respuesta liberadora* para todos los sufrimientos de la humanidad, ayer, hoy y siempre.

A partir de este punto es necesario entender que la teología de la *esperanza*, en que toda la tradición judía está basada, necesita indudablemente de una interpretación más profunda. John Navone, S.J., declara que la teología de la esperanza, que se ha basado en la promesa de un glorioso futuro, requiere la teología del *fracaso* como complemento. Bajo los niveles humanos, e inclusive, los niveles bíblicos judíos, Jesús fue un completo fracaso en su vida. Sin embargo, esta aparente contradicción contiene el más profundo misterio en la encarnación de Cristo. Navone subraya que el fracaso histórico de Cristo es un dato teológico de vital importancia para la fe cristiana que destaca la resurrección de Cristo como un hecho extraordinario y decisivo porque implica su carácter trascendente y extratemporal. Solamente la fe puede sostener que un hombre que murió como un fracaso a los ojos de los hombres, fue un triunfo a los ojos de Dios.

Al morir Jesús, abandonado hasta por sus discípulos, él no veía ninguna evidencia del fruto humano logrado en su misión. Su predicación del Reino, su mensaje, el entrenamiento a sus discípulos, todo le parecía estéril. Le parecía que su idea no tenía futuro. Esta ansiedad, unida al miedo del fracaso, aparece en su agonía del huerto de Getsemaní. Como todos los seres humanos, Jesús tuvo que contemplar el rechazo al aterrador fracaso. Él no quería morir. Sin embargo, al aceptar lo inevitable del fracaso como parte esencial del plan divino, le viene a Jesús paz interior que lo fortalece y conforta. La poderosa realización del amor de su Padre, lo anima y le da fuerzas para trascender su miedo humano de fracaso y muerte. Por este entender y experimentar este amor, Jesús nos revela que el logro de una verdadera libertad humana es incompatible con la ansiedad y el paralizante miedo al fracaso.

Para Jesús, indudablemente, aquella era la hora de las *tinieblas*. Él estaba abandonado, como dice Lucas, al triunfo de las tinieblas (Lc. 22: 53). Jesús sufre en agonía, solidario con todo ser humano que con angustia se ve tentado a echarse para atrás, dejar el camino comenzado. Él sabe que no existe un camino fácil... ¿Habrá recordado entonces la presentación que le hizo Juan el Bautista al llegar al río Jordán a bautizarse? «¡Miren, aquí viene el Cordero de Dios que quita el pecado del mundo!»

> Tomó entonces consigo a Pedro, a Santiago y a Juan,
> y comenzó a sentir tristeza y angustia.
> Y les dijo: «Siento una tristeza de muerte».
>
> (Mt. 26: 37).

Y a pesar de la infidelidad de la humanidad, por encima de la frustración, soledad, abandono y sufrimiento, Jesús *decide* seguir a su Padre con confianza y fidelidad. Al contrario de la figura de Adán, Jesús humildemente acepta el diseño de Dios, el llamado al riesgo y a confiar. Como Abraham ofrece a su propio hijo y su futuro, Jesús ofrece su propia vida y su futuro. Como Jacob que lucha toda la noche con el ángel sin prevaricar, Cristo no retrocede ante la prueba. «Pero no se haga mi voluntad, sino la tuya». (Lc 22: 42).

Jesús, el Cristo, sale victorioso de su prueba con la fuerza de Dios, cargando en silencio el juicio de un mundo que condena a Dios a muerte una y mil veces en cada época. Él es el verdadero Siervo Sufriente descrito por el profeta Isaías. Él irá a la cruz con una paz interior que exasperará por siempre a los que lo condenan. La sábana de Turín nos muestra a un crucificado cuyas torturas y muerte están marcadas en todo su cuerpo. Sin embargo, el rostro de aquel hombre, paradójica y sorprendentemente, es de serenidad y paz.

Navone nos ofrece un comentario clave que relaciona el misterio de la cruz con la búsqueda del trascender hasta el más alto sentido de la felicidad. A través del misterio de la cruz, Navone explica, Jesús ha creado una nueva perspectiva que nos libera de la dominación del mundo que nos promete falsamente ser la fuente más sofisticada de la felicidad humana. Este mundo parece arrastrarnos hacia la animalidad y nos hace esclavos de nuestros instintos y de nuestro egoísmo. Esta nueva perspectiva es la de un amor que todo lo ve positivo y que nos capacita para aceptar nuestras limitaciones con la más amplia visión que ese mismo amor que va por encima de todas esas limitaciones. ¡Ahí está la verdadera trascendencia!

El misterio de la cruz nos revela que no puede haber trascendencia a menos que sea a través del sufrimiento, un sufrimiento que compartido con el mismo Cristo tiene dimensiones infinitas. El camino está marcado ahora con un profundo realismo, nos dice Cusson, el realismo cristiano. Tal parece que nadie puede alcanzar este destino final del «Jardín del Edén» trascendental a no ser que sea a través del «Jardín de Getsemaní», y la aceptación personal de la cruz individualmente y socialmente. El camino abierto por Cristo no elimina el trágico obstáculo del mal y el sufrimiento. Jesús ha triunfado sobre la muerte y el poder del mal. El Reino de Dios ciertamente está cerca, se está produciendo. La humanidad entera vive en esperanza, una esperanza realista. Cristo es la respuesta a la felicidad más trascendente que no puede ni imaginar el ser humano.

Paradójicamente, el misterio de la cruz revela que la clave para una auténtica libertad humana está en el darse completamente en amor activo y responsable a Dios y a los demás. Sólo esa entrega producirá el triunfo del bien sobre el mal.

Si el propósito de la vida ha sido encontrado en la realización personal y trascendente a lo más alto de esas dimensiones, los seres humanos tenemos que aceptar el sufrimiento, nuestras cruces, para llegar a ese ideal.

Según el pensamiento cristiano, la Resurrección debe venir después de la prueba de la muerte. El individuo no se puede encontrar consigo mismo, ni con el propósito del universo a menos que sea a través de la prueba. Cuando desaparece todo sentido de seguridad, cuando uno tiene que enfrentarse con la soledad, el abandono y la muerte, entonces, el ser humano llega a entender. Como Cristo, todo ser humano debe pasar, de una manera u otra, esa prueba final. Como Cristo, tiene que confiar. Cristo mismo es la confirmación de la vida llena de pruebas continuas que el ser humano debe rebasar. Cada prueba, o «pequeña muerte» resulta en una nueva y más profunda visión que nos lleva a nuevas dimensiones.

Todos hemos experimentado estas «pequeñas muertes» o pruebas a lo largo de nuestras vidas. Y siempre hemos recibido después la «sorpresa» de una nueva vida, un nuevo amanecer. La Resurrección se ve entonces como una consecuencia lógica de la muerte. Tiene que haber ciertamente vida después de la muerte al igual que ha habido «nuevas vidas» y nuevas dimensiones después de cada una de las pruebas que experimenta el ser humano. Todo parece seguir un patrón lógico. Abierta y claramente, en Cristo, la promesa de vida se convierte en salvación y resurrección. Cristo se convierte para el ser humano en plenitud y realización total en la vida eterna. Por lo tanto, el propósito de la vida para el ser humano, como ya hemos dicho anteriormente, sobrepasa la «hominización», y es realmente una «divinización» en Cristo en una plena y final unión con Dios.

Cuando Cristo, después de su resurrección, desaparece del mundo, nos descubre la tercera realidad de la presencia de Dios entre los seres humanos. Cristo ha reintroducido al Padre, con nuevos aspectos sugeridos pero no explicados en el Antiguo Testamento. En Cristo se pone más al descubierto el misterio de los aspectos (personas) de Dios. Él es el Alfa y la Omega, el principio y el fin. Cristo es el eje central para poder entender el plan de salvación de Dios para la humanidad y la creación entera. Ahora la tercera persona viene presentada. El Espíritu llevará al ser humano y a la creación a la plenitud de la felicidad.

> Aún tengo muchas cosas que decirles,
> Pero es demasiado para ustedes por ahora.
> Y cuando venga él, el Espíritu de la Verdad,
> Los guiará en todos los caminos de la verdad
> ... y les anunciará lo que ha de venir.
>
> (Jn. 16: 13).

La despedida de Cristo después de la Resurrección tiene las mismas características de la reafirmación dada por Yahweh de su presencia a través de todo el Antiguo Testamento: «y sepan que yo estaré con ustedes hasta el final de la historia» (Mt. 28: 20).

## 21—EL SEÑOR DE LOS FRACASOS
*El redentor y liberador que muere como un fracasado*

La más extraordinaria característica de la tradición cristiana es la creencia en un Dios crucificado. Otras tradiciones han descrito sus dioses en una gran variedad de mitos e ingeniosas formas. Los seres humanos en la búsqueda de su creador y ser supremo han venerado a Mardouk, a Zeus, y a otras grandiosas imágenes de dioses. Esta multitud de dioses usualmente muestran características «man-made», hechas por el hombre, que expresan los dos extremos de la naturaleza humana: o la perfección que se añora, o las fuerzas destructivas del mal que el ser humano reconoce en sí mismo. La mente humana puede crear a ese dios absoluto e infinito a quien se le atribuyen orden y autoridad. Ese dios supremo que está descrito usualmente como un dios que carece de comprensión para la debilidad humana y como remoto y apartado de sus criaturas. Por eso esas criaturas luchan, sufren, y mueren, casi ignoradas por Aquél que vive allá arriba, complacido en su propia magnificencia. Mardouk y Zeus se identifican con esas características.

Por otra parte, la mente humana puede fácilmente concebir dioses de maldad, a los cuales se les puede culpar de todas las cosas negativas de la vida y hasta las malas inclinaciones de la naturaleza humana. Hoy en día en muchos países se extienden las creencias espiritistas en dioses que juegan con los seres humanos y a quienes hay que «tener de su parte» con sacrificios y prácticas que no tienen sentido ni conducen a un mejoramiento del individuo, y menos de la sociedad. Es muy explicable que la causa de estas creencias esté en esos seres humanos que no pueden o no quieren aceptar su responsabilidad en la vida y que estén buscando soluciones fáciles a su complejo de culpabilidad, como para justificarse. En otras palabras, un escape por su conducta reprochable o irresponsable. Por otra parte también el ser humano puede inventar dioses «mitad y mitad», como en la cultura griega. A estos dioses se les atribuyen pasiones humanas demasiado similares a las de los humanos en sus debilidades. Es comprensible que al explicar así a esos dioses, muchas personas confundidas se sientan menos culpables y más seguras en medio de las contradicciones de la vida.

Hoy, en su materialismo, todavía los seres humanos siguen creando nuevos dioses «artificiales» y «hechos a la medida». Existe la tendencia a imaginar a un dios que es absolutamente bello, rico, exitoso y activo. A este dios se puede identificar, desgraciadamente, el usualmente deshumanizado «exitoso» hombre de hoy. Pero de ninguna manera se podrían identificar los millones de seres humanos que viven privados de las necesidades más básicas de la vida Sin embargo, muy adentro, el ser humano sabe que no puede ignorar el sufrimiento, el fracaso, la injusticia, las tantas formas de pobreza, y la muerte. Ante la guerra, la avaricia devoradora, los crímenes masivos, el genocidio, el ser humano de hoy no puede ignorar su propia debilidad y vulnerabilidad, ya sea como víctima, o como victimario. El ser humano necesita creer seriamente, como se necesitaba en los tiempos de Roma decadente, y como en todos los tiempos, en un ser superior, en que se pueda explicar esta realidad tan ambigua y confusa en que vive. Un Dios Absoluto nos haría indiferentes, declara Jürgen Moltman. El Dios de acción y el éxito nos haría olvidarnos de los muertos (se refiere a las guerras), que no podemos olvidar. No podemos ignorar los presentes y actuales abusos de violencia. Dios como la Nada, enfatiza Moltman, haría de nuestro mundo un campo de concentración.

Por encima de todas estas concepciones e invenciones humanas de dioses, destaca la figura del Dios del cristianismo, el Dios crucificado. Este es un Dios que no ignora el sufrimiento, ni el fracaso, ni la injusticia ni la pobreza, porque es un Dios que *vivió* todo eso en su propia carne. El concepto de este Dios del cristianismo tiene un apabullante sentido en la realidad del mundo de hoy. Este concepto no pudo ni puede haber sido inventado por los seres humanos porque aparentemente niega todos y cada uno de los instintos humanos, y el deseo de autorrealización humana que todos tenemos en el mundo. El Dios del cristianismo, paradójicamente, ante toda la historia, todavía tiene sentido. Tal parece que el ser humano jamás podía haber inventado un Dios que se hace hombre y que comparte la miseria humana. Sin una inspiración especial de ese mismo Ser Supremo, nadie hubiera podido concebir un redentor a la miseria humana que hubiera venido como fracasado y perdedor y escogiera él mismo ser víctima.

El Dios judeo-cristiano se revela a los seres humanos como el Cordero de Dios, el Siervo Sufriente de Yahweh, el Dios crucificado. Como dice Moltman, él no se vuelve Espíritu para que el ser humano tuviera que ascender al Espíritu para encontrar a Dios. Él no se vuelve simplemente una parte del pacto con un pueblo elegido, para que así tuviéramos que hacernos todos miembros de ese pueblo como condición de poder gozar de esa comunidad con él. Él se humilla y asume todo y completo al ser humano, para que todos y cada uno de nosotros podamos compartir con él en su misma existencia humana. El Dios encarnado está presente y accesible a la humanidad de cada uno de los seres humanos. «Yo soy el que soy», vivo y *presente*, como se presentó a Moisés. Yo estoy presente con ustedes para siempre, como les aseguró a sus discípulos en su despedida.

## 22) UN MODELO PARA TODA LA HUMANIDAD
*El llamado a cada uno de los seres humanos para completar la evolución*

En su predicación Cristo parece continuar el mismo mensaje de vida y esperanza del Antiguo Testamento. Él corrobora las actitudes que ya se han estado delineando y enfatizando, como ya las hemos estado estudiando y analizando en nuestra búsqueda. Así, Cristo aparece como el cumplimiento de la Promesa: una nueva era que acaba de comenzar.

Él viene como la consumación de la antigua tradición, pero ahora bajo la proyección de una nueva luz. La vida es vislumbrada ahora en el contexto de un *amor liberador* de Dios que es compartido ahora con los seres humanos, no como siervos, sino como *amigos*. Y como si quedara alguna duda sobre sus mensajes y comunicaciones del pasado, Dios mismo se convierte en hombre. Esta «encarnación» de Dios viene a producir una nueva aceleración en el proceso de toda la creación, de todos los seres humanos en la humanidad entera, hacia la salvación y, sobre todo, hacia la *unificación* con Dios.

Sin embargo, Jesucristo se aparece de una manera inesperada. Isaías y otros profetas ya lo habían anunciado, pero así y todo, no es reconocido por los suyos. Tal como los Profetas predijeron, el Cristo no viene como un gobernante, ni siquiera como un gran líder social. No es un hombre exitoso. Es realmente un fracasado y perdedor, humanamente hablando. Es abandonado por sus propios seguidores y hasta sus amigos cuando las cosas empiezan a ponerse mal. Jesús se vuelve hombre al único nivel donde él podía estar identificado con todos los seres humanos, al nivel del fracaso, la soledad, y el sufrimiento.

Como Job, Jesús es inocente. Como Job, Jesús esta consciente y es realista acerca de la verdad de la vida. Cristo afronta el amenazador futuro como Jacob, aunque él realmente sepa que su decisión lo llevará a la muerte. Jesús será fiel hasta el fin. Él posee una visión de la realidad total. El proceso de la vida para transformarse en una persona plena incluye el sufrimiento y la muerte, por paradójico que parezca.

Pero el sufrimiento y la muerte llevan hacia la Resurrección y la Vida. Su mensaje, sus enseñanzas, ahora se vuelven claras y contundentes.

Hasta la *vida oculta* de Jesús ahora tiene sentido y se vuelve propiamente otra enseñanza. Él vive treinta años como un ser ordinario, normal, simple, y común. No podemos pasar por alto esta extraordinaria afirmación. La vida, justamente vivida en el día a día, adquiere un valor y significado tremendo para el Hijo del Hombre. Él ya está salvando a la humanidad a este punto del juego, al incorporarse Dios en el proceso del ser humano en su vida diaria y *rutinaria*. ¿No nos estará afirmando Cristo que la vida simple del ser humano tiene también un poder salvífico? Esta verdad ya había sido prevista en la historia de la creación cuando el hombre y la mujer son creados para ser co-creadores, colaboradores con Dios en ese proceso evolutivo. En Cristo el ser humano recibe la oportunidad de ser co-creador con Dios sólo con vivir, sufrir, crecer, y vivir día a día en esperanza.

Jesús es audazmente explícito cuando se declara que él mismo es el CAMINO y les enseña a los seres humanos una constante actitud de vida de amor y entrega a los demás. Ese «camino» lo tenemos *todos* ya revelado en el corazón por virtud de la encarnación de Dios en la humanidad entera. Esa actitud de vida se tiene que reflejar en una constante «decentración», como la define Teilhard de Chardin en su explicación al proceso de personalización. Cristo es más que claro: la persona debe de salirse de sí misma y vivir para los demás, vivir activamente inmersa en el mundo, en verdad y en justicia, para ayudar a seguir transformando al mundo en el Reino de Dios. Y con eso parece que estamos llegando a una conclusión de esta búsqueda de la felicidad. Si queremos encontrar la felicidad, parece que tenemos que seguir este *camino para trascender*. Nuestra búsqueda nos ha llevado a encontrar a un Cristo como modelo de todos los seres humanos en toda la humanidad. Una respuesta universal para todos los tiempos.

El mensaje de Cristo ayer, hoy y siempre, al encontrarse con la naturaleza humana tiene que provocar un choque contra nuestras estructuras, usualmente establecidas en aquellos valores destructivos que todos tenemos. Por lo tanto, el mensaje de Cristo aparece como subversivo y provocador a los fariseos y escribas de su tiempo. Ellos tenían definitivamente que matarlo, poniendo el último elemento salvífico en el misterio de la redención: el sacrificio total de la cruz. En Getsemaní, comprendemos el significado de la última y mayor tentación de Cristo, cuando él tuvo que decidir aceptar la muerte paradójicamente para ganar la vida. Fue como un salto al vacío. Pero después de su angustiosa aceptación, Jesús transforma el sufrimiento y la muerte en un *camino de vida ilimitada*. Él le da un valor y un significado nuevos a la esperanza: una dimensión mucho más allá de los límites que Job pudo enseñarnos. La victoria de Cristo consiste en la sufrida aceptación de la condición humana.

En su teoría de la evolución, Teilhard de Chardin coloca a la Cruz en una importancia central. La Cruz significa victoria *duramente* ganada, liberación, progreso, poder de salvación. Teilhard añade con increíble optimismo que una vez que hayamos comprendido plenamente el sentido y significado de la Cruz, no caeremos nunca en el peligro de encontrar la vida triste y fea. Nos habremos convertido en más alertas y atentos a su casi «incomprensible» solemnidad.

Cristo, parece ser, que finalmente le da al ser humano la respuesta que ha estado oculta profundamente en el corazón de la humanidad y en                               sentido de la Cruz, el sufrimiento es *«hacia el progreso a través del esfuerzo»*. El sufrimiento es el precio del progreso. Podemos mostrar la Cruz al mundo con entusiasmo, escribe Teilhard al final de su vida, la Cruz derribará a los necios y a los egoístas, sin embargo, no será un escándalo para todos aquellos que marchen a la vanguardia del progreso humano.

Teilhard señala una actitud de «abandono total» en el amor unificante como la verdadera actitud de vida para el que sigue a Cristo. Pero este «abandono» debe caracterizarse como entrega activa en el mundo con la esperanza única que le da verdadero sentido a la vida.

De acuerdo con el «proceso de personalización» de Teilhard, la figura de Cristo parece portar la última fase, «la súper-centración», a un clímax final. Cristo demuestra en su propia vida, no sólo con palabras sino con su entrega a la muerte por los demás, el último y final propósito de la vida. Cristo es el modelo: el más alto estadio de la plenitud del ser humano en amor. Cristo trasciende la vida, a través de la muerte, a la vida eterna.

## CONCLUSIÓN PARTE III
*Una espiritualidad para el mundo de hoy*

Al analizar el desarrollo de la versión judeo-cristiana en el mundo nos encontramos con la figura controversial de Jesús, el Cristo. Estudiando a Cristo integralmente con su mensaje, nos hemos encontrado con una actitud de vida que sus evangelistas y seguidores nos dan como la fórmula para encontrar la felicidad. Esa espiritualidad, manera de vivir, parece que tiene valor universal, para toda la humanidad y para todos los tiempos. La actitud de vida que nos trae el mensaje de Cristo está prácticamente basada en el misterio de la «encarnación» de Dios. De ahí se deriva que la figura de Cristo se ofrece como modelo para todo los seres humanos. El propósito de la vida para el ser humano es propuesto como íntimamente relacionado con el propósito de vida del mismo Cristo. Cuando Cristo se convierte en hombre, el ser humano universal es *elevado* a una nueva dimensión en la vida. Viene elevado entonces a una nueva visión de la esperanza y aparece inmediatamente incorporado al activo amor de Dios.

Es a través de Cristo que el misterio de Dios se abre a los ojos de los humanos. Cristo desenvuelve tres aspectos de Dios a través de un audaz «proyecto» de salvación. Dios se ha revelado en tres personas o aspectos durante el proceso evolutivo de esa historia de la salvación. Cristo nos presenta al Padre y al Espíritu en lo que parecen ser las tres etapas cronológicas en la revelación de Dios a la humanidad entera. En estos términos, el ser humano, encerrado en la dimensión del tiempo y limitado en su entendimiento, pudiera quizás entender el sentido del misterio de Dios. Al ser niño y tratar de encontrar su propia identidad y su mundo (centración), el ser humano percibe a Dios como Padre, protector, y hasta como figura de autoridad. En la adolescencia (de-centración) el ser humano se vuelve más consciente de la persona de Cristo y todo lo que significa de su relación con los demás.

Durante este período de la adolescencia y la juventud adulta, el ser humano se preocupa mayormente por los demás, la sociedad y los problemas del mundo. Cristo es «el otro» ideal, con su mensaje social, su relación personal de amigo, y hasta con una intimidad con el ser humano por quien él ha dado su propia vida: «No hay amor más grande que dar la vida por sus amigos» (Jn. 15: 13). En Cristo el ser humano descubre sus responsabilidades sociales. «En verdad les digo que, cuando lo hicieron con alguno de los más pequeños de estos mis hermanos, me lo hicieron a mí... siempre que no lo hicieron con alguno de estos más pequeños, ustedes dejaron de hacérmelo a mí» (Mt. 25: 40, 45).

Finalmente, como persona madura y adulta, el ser humano es capaz de hacer una síntesis de los dos aspectos anteriores, el Padre y Cristo, y puede apreciar el tercer aspecto de nuestra relación con Dios: el Espíritu que mueve, ilumina, e inspira al universo y a su gente. Es la súper-centración, la tercera y suprema etapa de nuestro proceso de personalización. Por esa más sensible apreciación el ser humano es invitado a «vivir» en el Espíritu y a ayudar a completar su propia plenitud y la plenitud de toda la creación en activo servicio al Reino de Dios. El ser humano puede enfrentarse valientemente a esa ambigüedad que le espera entre el «ya» de una liberación que es definitivamente una realidad, y el «todavía» de la evolución presente y futura que queda por realizar con su propia y activa colaboración a la realización del Reino.

Así el corazón y centro de la espiritualidad propuesta por el cristianismo, según el Antiguo y el Nuevo Testamento, se puede encontrar en la idea de un encuentro personal e interacción activa con ese Ser Supremo. Dicho encuentro incluye un efectivo envolverse con los demás, «los otros», en amor en servicio al mismo tiempo que se está activamente conciente de la evolución hacia la *plenitud* de la creación. Esta Espiritualidad cristiana, por lo tanto, se vuelve una relación personal con Dios en sus tres personas, en esos tres aspectos por los cuales el ser humano ha podido percibir a Dios. La Nueva Alianza, el pacto de sangre que Dios ha hecho con los seres humanos por la persona de Cristo, puede ser entendido ahora como una real, verdadera y creciente relación mutua. El contacto con Dios, el Padre, debe ayudar al individuo a crecer en su propio conocerse a sí mismo. Al mismo tiempo, el ser humano va desarrollando una confianza sólida en Aquél que está siempre presente y que le llega vivamente con su cuidado personal y amoroso.

Una constante y creciente relación de amistad con Cristo ayuda vigorosamente a la persona a encontrar a sus hermanas y hermanos, su propio lugar en la sociedad, y su responsabilidad en el triunfo universal de la justicia. Esa responsabilidad se traduce en trabajar con ánimo y alegría por el Reino de Dios aceptando su propia cruz.

La vida en el Espíritu, el tercer aspecto de esta relación personal e íntima con Dios, debe poner al individuo en solidaridad verdadera con toda la humanidad en el papel de co-creador y colaborador con el mismo Dios. La Vida en el Espíritu significa compartir la creatividad de Dios en el flujo universal hacia la salvación y la plenitud de la felicidad.

El común denominador de esta relación con Dios en sus tres personas es una actitud de positivo y activo abandono en ese Dios que es Padre, Cristo, y Espíritu Santo. Esta actitud ya la habíamos descubierto y estudiado en el Antiguo Testamento. El ser humano debe libremente desarrollar una propia confianza en Dios que es lo único que está siempre presente en su vida, con amor y cuidado. Ese Dios, que está por encima del mal, triunfó sobre el sufrimiento y la muerte. Este constituye el meollo del realismo cristiano: *vida en esperanza de más vida*.

El mensaje de Cristo está dirigido directamente al ser humano maduro que con esfuerzo y coraje busca una sabiduría centrada en sí mismo, decentrada en los demás, y abierta y añorante a súper-centrarse en Cristo en esa nueva dimensión del amor.

Hemos propuesto al cristianismo como una respuesta a la búsqueda del propósito de la vida, y por consecuencia, como un camino realista para encontrar la felicidad. Hemos tratado de explicar cómo el cristianismo ofrece una teoría de la vida que sigue teniendo sentido en el mundo de hoy. El cristianismo tiene más sentido todavía desde la aparición de las ciencias humanas. Sin embargo, la mejor prueba para el cristianismo, ha sido la misma historia. Solamente el cristianismo ha sobrevivido a los embates del tiempo y la historia. Ha sobrevivido, sobre todo, los movimientos culturales tan estrechos de mente a los que el cristianismo ha estado sujeto.

Cuando el cristianismo se vuelve «institución» en los tiempos del emperador Constantino, en la decadencia del Imperio Romano, se vuelve la «religión oficial» y por lo tanto, identificado con una civilización particular. A pesar de que el cristianismo, de tiempo en tiempo ha defendido su carácter universal y transcultural, esta inicial identificación con el mundo greco-romano entibió su poderoso impacto. Además, como hemos visto, el cristianismo perdió mucho del «carácter oriental» del judaísmo. A lo largo de toda la historia europea se ha estado sufriendo aquel hecho de identificar el cristianismo con el poder político temporal desde Constantino.

De ahí en adelante el cristianismo tenía que seguir desarrollándose a través de la historia de la humanidad. Cada época tendría que seguir interpretando y aplicando la actitud del evangelio en ese mundo cambiante.

Jesús había sido la semilla plantada por el Padre. El Espíritu haría entender el mensaje a cada uno y a toda la humanidad a través de los tiempos.

Durante estos 2000 años, grandes profetas, santos hombres y mujeres han llevado esta misión al mundo. Entre tantos de ellos, se destacan personajes claves como un Francisco de Asís, quien con su pobreza evangélica y su amor a la naturaleza, inspiró el Renacimiento después de siglos de oscurantismo en la Edad Media. Ignacio de Loyola con sus Ejercicios Espirituales ofreció al ser humano moderno un volver a encontrarse con Cristo personalmente y comprometerse a esa actitud que Cristo nos había enseñado en el evangelio. Y ya en nuestros tiempos una Teresa de Calcuta que ha dado testimonio de ese espíritu evangélico ante todas las religiones y todas las naciones con su amorosa entrega a los sufridos y desamparados. Todos esos profetas de los que está plagada nuestra historia han rescatado y rescatan el espíritu del evangelio y redescubren a Cristo como centro de la vida en momentos borrascosos de la historia.

El cristianismo, como «religión», puede ser comparada con las otras principales religiones en el mundo. Hans Küng comenta que no solamente el cristianismo, sino también las religiones del mundo son conscientes del aislamiento del hombre, su esclavitud, su necesidad de redención. Esas religiones también conocen su abandono, falta de libertad, su miedo aterrador, su angustia y ansiedad, y sus maneras egoístas con sus máscaras. Esas religiones también se preocupan activamente con el sufrimiento y las tragedias humanas, la miseria de este mundo, y la necedad de la muerte. También esas religiones esperan algo nuevo en la transfiguración, re-nacimiento, redención, y liberación del ser humano y su mundo.

No sólo el cristianismo, sino también las religiones del mundo, perciben la bondad, misericordia, y amabilidad de la divinidad. Sin embargo, Küng declara que es injusto comparar el cristianismo con las demás religiones del mundo. La mayor parte de ellas han parado su desarrollo y se han quedado sin poder adaptarse a los tiempos cambiantes. Hay unas diferencias abismales entre el cristianismo y las otras religiones del mundo. De aquí se sigue, que aunque se debe reconocer la verdad en otras religiones, no hay discusión en cuanto a las diferencias sustanciales entre los aterrorizantes dioses de Bali –la maravillosa isla de los dioses– y una pared llena de iconos de santos Ortodoxos en Zagorsk ; entre sagrados templos dedicados a la prostitución y la cristiana consagración de vírgenes; entre una religión cuyo símbolo es la lingam (falo de piedra), reproducido miles de veces en el mismo templo, y otra cuyo símbolo es la cruz; entre religiones que proclaman guerra santa en contra del enemigo, y otra religión que hace del amor a los enemigos parte esencial de su programa; entre una religión que ofrece sacrificios humanos (al menos 20,000 seres humanos fueron sacrificados en cuatro días en la consagración del mayor templo en México en 1487) y una religión que proclama el sacrificio diario por los demás.

Ni siquiera las crueldades de los conquistadores españoles ni los llamados herejes quemados en Roma – abusos que **no** fueron cometidos siguiendo la doctrina de los evangelios, sino flagrantemente contradiciéndola, no doctrina cristiana, sino completamente anti-cristiana – nada de esto puede hacer cancelar esas diferencias.

Las mayores religiones orientales poseen una profundidad filosófica espiritual verdaderamente admirable. Su introspección hacia lo más íntimo del alma deja empequeñecidos a tantos cristianos superficiales que se dejan llevar por el pragmatismo y el materialismo. Sin embargo, la mayor parte de las religiones orientales están basadas en fatalismo, huida del mundo, pesimismo, pasividad, discriminación de castas, desinterés social.

Muchas de las religiones orientales se basan en la creencia de sucesivas reencarnaciones en las que el ser va encontrando niveles más espirituales hasta llegar a la felicidad completa. En contra de estas creencias se agolpan una serie de elementos desconcertantes a la luz de las ciencias humanas, en especial, de la psicología y la sociología. En primera, ese «ser puramente espiritual» que explican, va tomando constantemente figuras o cuerpos, los cuales tienen distintas historias y características de genes, familia, relaciones humanas, y posiblemente razas y culturas diferentes. Sus relaciones humanas en cada una de sus vidas, familia, amistades, no pasan de ser sino «sombras pasajeras» a las que no hay necesidad de esforzarse en amar ni comprender. *Esposas, hijos, amigos, y relaciones son sólo sombras que pasan en la vida. Solamente la virtud y las buenas obras tienen valor... El resto es cambiante como las olas del mar. –de Garuda Purana.*

Además, ese ser reencarnado no posee memoria de las reencarnaciones anteriores (a menos que, como algunos en nuestro mundo de hoy acudan a algún psiquiatra especialista en esas múltiples vidas, algo que en la India, por ejemplo, muy pocos podrían costear económicamente). El ser se va purificando, pero nunca se acuerda de los errores anteriores. Por lo tanto, ese ser, desprovisto de características personales, nunca se encontraría consigo mismo a lo largo de sus vidas, a menos que sea en un nivel etéreo y desconectado de su propia realidad. Pero lo más peligroso de esta teoría de la reencarnación es la despreocupación social. Indudablemente el individuo que sabe que todos van hacia unas formas superiores, no se siente interesado en las necesidades de los demás ni en la propia responsabilidad en la vida trabajando por la justicia y el desarrollo de la humanidad. El individuo no se siente responsable por los demás. Si acaso hace el bien, como es verdaderamente recomendado por su religión, es puramente por lograr una perfección personal que lo hace sentir bien, pero una actitud que puede translucir egoísmo y orgullo personal, no un verdadero sentido de amor en servicio a los demás.

Para estas religiones es muy difícil, casi imposible, aceptar la realidad del mundo de hoy, tal como es, con las necesidades personales del individuo, las necesidades sociales, y las inquietantes demandas de toda la humanidad.

Teilhard de Chardin va mucho más lejos en su defensa del cristianismo. Hoy en día muchas de las antiguas religiones se ven inertes ante el obstáculo de un universo que se ha vuelto tan orgánico y desafiante que deja atrás a la mayor parte de las intuiciones místicas del pasado. Sin embargo, el cristianismo se incorpora sin esfuerzo por encima de esa situación, llevada hacia arriba por las mismas condiciones que han cambiado tan profundamente de pensamiento y de acción. Las demás teorías parece que han sucumbido tratando de acomodarse a las nuevas situaciones. Según el pensamiento de Teilhard, el cristianismo tiene más sentido en el mundo de hoy y lo tendrá siempre porque es más que una religión. Y es en verdad transcultural y universal. El cristianismo va más allá de lo nacional y del patrimonio de cualquier cultura particular. Ha trascendido el tiempo. Es un proceso y una actitud de vida para todos los tiempos. Es de esta manera que el cristianismo fue anunciado y predicado por los primeros apóstoles. Y sigue anunciándose por los apóstoles y profetas que siguen sucediéndose en el presente y el futuro.

La «cristianización» ha tomado y quizás tomará diferentes movimientos históricos y cambios a través del largo proceso de integración universal que no ha terminado. El cristianismo es la interpretación de la total evolución universal. Teilhard nos enfatiza el valor del cristianismo en virtud de su esencia fundamental. El cristianismo es mucho más que un sistema fijo, que se nos ha presentado como un hecho ya acaecido de verdades que han sido aceptadas y preservadas literalmente. Está fundamentado en una «revelación» de Dios en tiempo y, sobre todo, explicado como una espiritual actitud de vida en constante desarrollo. Y este desarrollo no es nada menos que el desarrollo mismo de Cristo creciendo en la conciencia de los seres humanos y la creación universal.

En conclusión, el cristianismo nos ofrece un método de vida, una verdadera espiritualidad, un camino para llegar al propósito de la vida. Este método es, indudablemente, transcultural y universal, válido para todos los tiempos, por las distintas razones que ya hemos delineado. Está enraizado en actitudes básicas y comunes que a través de los siglos se ha probado que son universales. Este método va más allá de sistemas sociológicos y morales. Puede ser aceptado por cualquier individuo, cualquiera que sea la naturaleza de su «llamada». Es una llamada a la vida, y cada ser humano comparte esta llamada a realizarse totalmente, a la felicidad.

Esta teoría no parece contradecir, sino que está apoyada por las ciencias humanas: la psicología, la sociología, la filosofía, y la historia, y está basada en una teología sólida y realista.

La espiritualidad cristiana es un método de vida a través de actitudes positivas de fe, esperanza y amor hacia una total plenitud. Esa total plenitud no es más ni menos que nuestra real y verdadera *felicidad* tanto personal y propia, como la felicidad social, la culminación del Reino de Dios para toda la humanidad universal. Su clave es la relación del ser humano con Dios en sus tres personas, el Padre, el Hijo, y el Espíritu, mientras este ser humano crece en la vida a través de un proceso de personalización. Esta espiritualidad podría definitivamente dar sentido y significado al mundo de hoy.

Moltman nos ofrece una conclusión radical en su estudio sobre el Dios Crucificado. Nuestra «oficialmente optimista sociedad», nos dice Moltman, «cree en los ídolos de la acción y el éxito, a través de su inhumanidad compulsiva, lleva a muchas personas a caer en la apatía y el desencanto total. Muchas de nuestras instituciones religiosas, por desgracia, se han convertido en meros establecimientos cuidadores de los ídolos y las leyes de esta sociedad. Estas instituciones se deberían de volcar otra vez hacia el desesperado y hambriento de espíritu ser humano de hoy, volviendo a ser, como fuego, señal de salvación y luz del mundo. Deberían de destruir esos ídolos tanto de la acción como de la apatía, del éxito y también de la ansiedad y la angustia (estrés); proclamar al Dios humano, sacrificado, al Dios Crucificado; y aprender a vivir en esta situación. Deberían descubrir el sentido del sufrimiento y el dolor, y llevar por todas partes el espíritu de compasión y amor. Deberían de confrontar al exitoso y a la vez desesperado ser humano con la verdad de la cruz en su situación personal y social, y hacer que se convierta en realmente vivo, compasivo, alegre, y por consecuencia un ser libre.

El realismo cristiano está basado en la esperanza, pero una esperanza en la vida tal como ella se presenta con sus problemas, durezas y trabajos. El cristianismo apunta hacia el futuro como una verdadera teoría de vida que invita a ponerse en práctica.

El Cristo Universal se irá conociendo más y más como la *única respuesta,* el único camino para encontrar la felicidad. El Cristo Crucificado, pero triunfante llegará finalmente a ser conocido por todos los pueblos, por todas las razas y culturas. El Cristo será reconocido por todos y cada uno de aquellos que lo siguen, y los que *lo buscan con sincero corazón.* Cristo como fuerza interior y personal, pero también fuerza social de justicia y armonía. Cristo como la fuerza interior y exterior de toda la evolución universal hacia la felicidad plena y eterna.

# EPÍLOGO

Buscando la felicidad, hemos encontrado un propósito a la vida, que parece tener tanto sentido cuando hizo su aparición en la historia antigua como lo tiene ahora. La visión positiva de la vida del pueblo judío desplazó a todas las otras interpretaciones de las civilizaciones antiguas. Esta visión insólita, dado el pensamiento de la época de entonces, ponía al ser humano como agente de un destino futuro incomprensible pero a la vez tremendamente grandioso y esperanzador para toda una misteriosa creación universal. Hoy podemos reconocer ese propósito de la vida como el más universal y válido para todas las culturas que tienen proyección hacia el futuro.

Buscando la felicidad, hemos encontrado también un camino a través de la historia que tiene sentido para el ser humano. En este camino el ser humano aparece en busca de la libertad de lo que parecía un destino de constante opresión bajo los mismos dioses y bajo su propio egoísmo. Este camino, hoy en día nos sirve para liberarnos de las opresiones que el ser humano, ciego al creerse dios, trata de imponer a los demás y a sí mismo.

Buscando un camino hacia la felicidad, hemos encontrado a un Dios distinto a todos aquellos dioses que hacían al ser humano víctima del sufrimiento y de la muerte. Este Dios, comprendido poco a poco a través de una evolución de conciencia, es un Dios de Vida que desafía al ser humano a tomar responsabilidad y afrontar su destino con valentía y serenidad. Es un Dios de Justicia pero, a la vez, un Dios personal y amigo, que se presenta siempre inspirando a los seres humanos sin coartar esa libertad ni su capacidad creativa. Este Dios definitivamente no pudo haber nunca sido *inventado* por los humanos. Este Dios ha revelado desde el principio una promesa que irá haciéndose cada vez más completa y sorprendentemente esperanzadora para el individuo, la sociedad, y la creación universal.

Sin embargo, según las revelaciones de ese Dios, y por la experiencia de la historia, nos damos cuenta de que seguimos siempre atados a nuestro propio egoísmo. Todo esto parece tener un sentido universal para todos los tiempos y para toda la humanidad. La ambigüedad del ser humano está basada en su libertad. El ser humano puede escoger o decidir entre el bien y el mal, que ante él nunca se presentan en las situaciones como «en blanco y negro». Si fuera así, sería fácil tomar decisiones, siempre que haya una conciencia educada y madura. Sin embargo, todo en la realidad se le presenta «de color gris». Y el ser humano tiene que esforzarse constantemente en desarrollar su conciencia integrando su educación y conocimiento a la experiencia real y diaria de su vida.

Ya hemos experimentado muchos sistemas sociales y políticos en nuestra historia del mundo. Cada uno ha tratado de dar soluciones universales casi siempre con tonos arrogantes y absolutistas que pronto se derrumban. Todos ellos quedan muy cortos de la verdadera solución, quizás porque han olvidado a su principal sujeto: el ser humano creado por Dios para trascender. No se podrá nunca encontrar un sistema ideal, y menos todavía, si ese sistema no atiende las necesidades trascendentales del ser humano individual. Solamente desde ese punto de partida se podrían buscar sistemas sociales y políticos que resuelvan los problemas universales. Muchas religiones han cometido el mismo error al considerar al ser humano como una mera pieza o como una ovejita que busca donde pastar. El mismo cristianismo se ha querido imponer muchas veces en la historia como un sistema más de opresión a los seres humanos en contra de la libertad que proclamó el mismo Dios y la actitud de vida predicada por el mismo Jesús de Nazaret.

En la evolución que hemos seguido a través de la historia hemos llegado a esta figura increíblemente fascinante para todos los tiempos. La Promesa anunciada al pueblo judío para toda la humanidad se realiza en la entrada de ese Cristo en cierto momento decisivo de la historia. Entró con un impacto único y nos llega hoy también como una respuesta, la respuesta que tiene mejor sentido en un mundo tan lleno de deshumanización, soledad y angustia... Esta autodestrucción sigue y seguirá presente en la naturaleza humana. Y ahí está la clave de la figura de Cristo: el proclamar la grandeza del ser humano como principio. Más todavía, cuando él, Cristo mismo, es el fin de una increíble evolución de la que él mismo también ha sido el principio.

Y Cristo vino sorpresivamente. A pesar de que había sido anunciado así, con esas características, los suyos lo esperaban de otra manera, a la humana, en el sentido más estrecho, como poder. Así los suyos, representando aquí a toda la humanidad estrecha de mente, no lo recibieron. Cristo vino humilde y vino a dar en vez de a recibir. Vino a perdonar, en vez de a juzgar. La historia lo integró muchas veces a sus maneras humanas, pero la figura de Cristo siempre ha quedado como esa semilla germinando tanto en cada uno de los seres humanos como en la búsqueda de sus sistemas sociales y políticos ideales.

El Renacimiento, que según los historiadores, comienza con la inspiración de Francisco de Asís, alrededor del 1200 de nuestra era y termina con el saqueo de Roma en 1527, representa uno de esos raros momentos de clímax de la cultura humana. El Renacimiento no sólo fue entendido como un movimiento histórico del arte, sino como un período histórico cultural en que se vieron renacer los valores humanistas. El ser humano, la obra más perfecta de Dios, se vuelve centro del universo. La ciencia, el arte, los sistemas políticos, la fe y la religión toman como punto de partida al ser humano y su universo. Guttenberg acababa de inventar la imprenta. Ya el hombre renacentista podía leer la historia y la Biblia por primera vez. Se volvieron a descubrir los valores de la cultura greco-romana con Platón como inspirador de una filosofía basada en las preguntas fundamentales del hombre. Ya esta humanización había empezado a despertar en la edad media cuando las invasiones bárbaras se habían calmado y los mismos bárbaros se convirtieron al cristianismo. El Renacimiento fue un vuelco en el proceso de la historia.

Hace poco más de 450 años, en aquella época del Renacimiento, un hombre de visión, nos trajo un método para encontrar la felicidad. Ignacio de Loyola, noble español, valiente guerrero, caballero lleno de vanidad y ambiciones, tuvo una conversión y un cambio de vida radical. Dejó todo atrás y se dedicó a entregarse a Dios y a los demás. Durante este cambio de vida nos dejó uno de los más importantes documentos que se han escrito sobre el ser humano en su relación con Dios. Los Ejercicios Espirituales de Ignacio nos portaron una espiritualidad personal basada en la Biblia pero integrando, por primera vez en la historia, los movimientos psicológicos interiores del ser humano. Ignacio experimentó el fracaso y la persecución, como profeta al fin.

Estuvo prisionero por la Inquisición y luchó contra la apatía de la época. Sin embargo, con todo el realista conocimiento de una Europa política, social, y religiosamente convulsa, logró comprender el papel importantísimo del hombre como agente de Dios y colaborador suyo en la creación.

Ignacio experimentó en su propia vida la transición de la Edad Media hacia el Renacimiento. De caballero medieval pasó a ser hombre renacentista, a través de su propia conversión, sus estudios en las principales universidades de la época, Salamanca, Alcalá, la Sorbona de París, cuna del humanismo renacentista. Ignacio vivió y sufrió la corrupción y división de la Iglesia de entonces, los movimientos políticos trascendentales de la época, el descubrimiento del nuevo mundo. Fue contemporáneo del Emperador más poderoso del mundo conocido, Carlos V, en cuyo reino no se ponía el sol. Ignacio leyó los escritos de Savonarola y Erasmo. Conoció y vivió las quejas de Lutero, y sin embargo siguió fiel a la Iglesia con una reforma desde dentro. Ya en Roma donde fundó la Compañía de Jesús, los Jesuitas, Ignacio escribió las Constituciones que le dieron cuerpo a ese espíritu, a una nueva y dinámica orden religiosa, única en su enfoque y fuerza en aquellos tiempos tempestuosos. De ahí salieron los jesuitas a anunciar el Evangelio a todos los territorios de misión, siempre respetando las culturas y creencias.

En la humilde casa donde vivía en Roma, Ignacio recibía a príncipes y cardenales, que iban a conocer el Evangelio, quizás por primera vez, y a conversar con él de cosas espirituales, valga decir tristemente, temas tan desconocidos en aquella realidad de entonces. Muchos de aquellos inconformes con la situación reinante, hacían los Ejercicios Espirituales con Ignacio para encontrar a Dios, siguiendo aquel librito que él había elaborado con tanta sangre, sudor, y lágrimas.

## UN MÉTODO PARA ENCONTRAR EL CAMINO A LA FELICIDAD

Ignacio de Loyola descubre lo que parece ser un simple método para el ser humano encontrar un propósito en la vida. Ignacio se centraba en el ser humano como sujeto. Sabía bien que para cambiar ese convulso mundo había que empezar cambiando al individuo. De ahí se podría construir esa nueva sociedad que tantos añoraban. Con una convicción semejante a la de los primeros cristianos, Ignacio ofreció a ese nuevo despertar del mundo aquel mensaje de los apóstoles que anunciaba la salvación a todas las naciones. Este mensaje distorsionado había caído en manos de los poderes del mal y usado para dominar y oprimir.

En aquellos tiempos tan confusos y de tantos cambios, Ignacio ofrece primero el Principio y Fundamento, basado en la revelación de la Biblia. Ese Principio y fundamento era básicamente aclarar el propósito de la vida del ser humano, criatura de Dios, con una misión que lo envuelve todo, su propia persona, su responsabilidad con los demás, y su fin universal. Ignacio destaca la libertad del individuo en ese proceso y también cómo puede usar de todo lo creado «tanto y cuanto» lo ayuden para el fin a que ha sido creado.

Así Ignacio lleva a un reencuentro con el Dios Padre y creador quien se revela a través de la historia como Dios personal, vivo, amante, y fiel a sus criaturas. Pero, sobre todo, un Dios fiel a su dinámica y «evolucionante» creación. Esa creación del ser humano, libre y a la imagen de su creador, traía como consecuencia que las criaturas pueden escoger entre el bien y el mal. Por lo tanto pueden ser infieles a su mismo Creador, rechazando ese mismo fin para el cual han sido creadas. El ser humano puede, por lo tanto, rechazar su verdadera y final felicidad. Ya ahí Ignacio aclara el peligro en que puede caer el individuo, cada uno de los que forman la humanidad. Pues son los individuos los que crean sistemas opresivos y deshumanizantes. Somos los individuos todos los que tenemos siempre ese mismo peligro si damos rienda suelta a nuestro egoísmo.

Con este inicio del Principio y Fundamento, Ignacio, expone al «ejercitante» a una serie creciente de meditaciones, reflexión, y oración, para ayudar al individuo a crecer en conciencia. Todo esto a través de un encuentro ahora con Cristo y su mensaje. Primero conociendo a ese Jesús, contemplando su vida y su misterio. Después, identificándose con el mismo Cristo en el misterio de su entrega, pasión, muerte y resurrección. A través de ese proceso Ignacio invita al individuo a examinarse a sí mismo en su sinceridad y aptitud para esa entrega que se le pide. Para eso, Ignacio ofrece al individuo una serie de elecciones o decisiones cada vez más profundas y concluyentes. El cometido es ayudar al individuo a entregarse a un compromiso total, a una actitud de vida descrita por Cristo en los Evangelios. Esa actitud es la de seguir a Cristo dándose en amor y servicio a los demás. Al llegar a entender esa actitud de vida el «ejercitante» nace de nuevo a una nueva dimensión a la que Ignacio llama «la vida en el Espíritu».

Este método de espiritualidad parece ser válido, transcultural, para todos los tiempos, en especial para el mundo de hoy tan confuso y revuelto como en aquel mundo de Ignacio de Loyola.

Como hemos visto, a través de nuestro estudio, según la idea judeo-cristiana, el hombre no es un ser condenado al mal. El hombre puede evolucionar y cambiar. Martín Descalzo nos dice que aunque ya sabíamos de la grandeza del hombre por la creación, ahora con este mensaje nuevo y original de Jesús, entendemos que el hombre es mucho más grande por lo que puede llegar a ser. *Su capacidad de llegar a ser ciudadano del Reino, su posibilidad de convertirse en hombre nuevo, es la más definitiva de sus grandezas... Todo el evangelio está lleno de ese grito que invita al hombre a apostar, a superarse, a asumir el riesgo de su propia grandeza, de esa invitación a incorporarse a la «vida».*

E Ignacio de Loyola nos da el método para ejercitarnos y encontrar cada uno, libremente, esa grandeza con valentía y esfuerzo, pero con humildad. Su método es el camino a una liberación total en Dios. Este camino libera al individuo de la idolatría de sí mismo y de la idolatría de las cosas. Porque el ser humano, estrecho de mente y ciego por su egoísmo, reniega a lo mejor de su condición humana, y se esclaviza al dinero, al poder, al placer, a la comodidad, al interés malsano. Convierte a las cosas –que son medios– en fines. Renuncia a ser libre para ser esclavo y volver a la animalidad. *Así Jesús redime a Zaqueo, que sólo cuando renuncia a sus riquezas adquiere estatura humana (Lc. 19: 5). E intenta liberar –y fracasa– al joven rico que prefiere ser rico a ser libre. Porque el corazón tiene la llave por dentro y ni Cristo puede abrir un corazón que se niega a cambiar (Mt. 19: 16).*

Ignacio de Loyola en sus Ejercicios Espirituales nos hace encontrar a ese Cristo liberador, con su mensaje y la actitud de vida que vino a anunciar. Ignacio nos hace descubrir un mundo nuevo al que somos invitados, pero al que tenemos que optar libremente con nuestra propia decisión.

Jesús salva al ser humano de esos falsos dioses que lo acosan incesantemente. Pero, es el individuo, cada uno, quien tiene que tomar la decisión personal de ingresar o no a esa nueva humanidad. Somos libres para decidir. Libres para actuar. Y a pesar de las fuerzas del mal, internas o externas, tenemos la promesa de que ese Dios de la salvación y la felicidad completa, está siempre con nosotros.

---

*Quizás ya nos hemos dado cuenta de que, al desarrollar esta obra escrita sobre la búsqueda de la felicidad, hemos ido siguiendo en todo momento la dinámica misma de los Ejercicios Ignacianos. Hemos partido del individuo y sus preguntas fundamentales en el mundo de hoy y en todos los tiempos. Nos hemos «colocado» históricamente y universalmente en el contexto de este mundo dinámico en el que tenemos que encontrar ese Principio y Fundamento. Hemos investigado en la historia de nuestra civilización occidental, las causas de por qué tenemos ese pensamiento que se ha ido desarrollando y evolucionando a través de los siglos. Hemos descubierto al Dios de la visión positiva de salvación con el pueblo de Israel. Esa misma tradición reflexionada y escrita a través de fracasos y esperanzas nos ha llevado a encontrar-*

*nos con Jesús, el Cristo, ese liberador de todo aquello que nos impide a realizarnos plenamente. Al seguir este desarrollo de la búsqueda de la felicidad nos vemos quizás también urgidos, como al hacer los Ejercicios Espirituales, a tomar una decisión trascendental.*

---

Basado en la dinámica de los Ejercicios Espirituales de Ignacio de Loyola, ésta nuestra «Búsqueda de la Felicidad», nos ha llevado a los niveles trascendentales de la Vida en el Espíritu. Teilhard de Chardin nos ha transportado a un futuro cósmico, a la realización total en Cristo en la evolución de este misterioso universo. Es en este campo donde Dios nos ha colocado a todos y a cada uno a transformarnos con una electrizante misión específica, personal, y definida: ser luz del mundo y sal de la tierra.

Para los más osados sólo nos queda recomendar esos Ejercicios Espirituales Ignacianos para poner en práctica nuestra teoría.

## NOTA

El tema desarrollado en este trabajo fue el material de la tesis doctoral de su autor en la Pontificia Universidad Gregoriana de Roma, defendida con Magna Cum Laude en 1985, y cuyo director fue el P. Gilles Cusson, S.J. Este material constituía y constituye el alma y el espíritu de una misión de servicio que se ha desarrollado en la República Dominicana desde 1973. La Misión ILAC ha llevado una respuesta de amor en servicio y entrega a los demás, a miles de «necesitados» tanto pobres como ricos. Ya que a través del servicio cristiano, especialmente a los más necesitados, todo ser humano entiende su propia pobreza, por una parte, y por otra, su propia riqueza que debe utilizar para ayudar a los menos privilegiados. El ILAC a través de sus servicios de desarrollo humano y espiritual promueve la responsabilidad que todos tenemos en nuestra vida con nuestras riquezas tanto materiales como espirituales. Los servicios de salud llevados a regiones rurales remotas por voluntarios locales y extranjeros transforman, no sólo a quienes reciben ese servicio, sino también a los que con humildad los ofrecen.

Con este espíritu se han originado muchos y variados programas de desarrollo integral, espiritual y social, como la preparación y organización de líderes campesinos, centros culturales de formación comunitaria, centros de salud rural, proyectos de agricultura, formación de la mujer y de los jóvenes. Estos proyectos ya están en manos de líderes locales y reciben ayuda de voluntarios de muchas partes del mundo y hasta de diversas creencias. Todos son invitados a trabajar y a entregarse a los demás en esa misión «humanizante» y «divinizante» del servicio a los demás. La Misión ILAC está centrada en esa espiritualidad de la Biblia y en el Dios viviente que quiere la salvación de toda la humanidad. Los Ejercicios Espirituales de Ignacio de Loyola, constituyen el método usado para encontrar personalmente a ese Dios que nos libera y nos hace entender nuestra responsabilidad social con los demás. Pero más todavía, los Ejercicios Ignacianos nos invitan a comprometernos con fuego y pasión al mensaje universal y a la actitud de vida que Jesús, el Cristo, sembró en la humanidad.

# PRINCIPALES FUENTES BIBLIOGRÁFICAS

Anónimo. *Poema del Gilgamesh*, Estudio, traducción y notas de Lara Delgado. Lumen, España, 1997.

Cahill, Thomas. *The Gift of the Jews*, Doubleday, New York, 1998.

Cusson, S.J., Gilles. *Notes d'Anthropologie Biblique,* Institut de Spiritualité, Université Gregorienne, Rome, 1977.

_____, *Un Jardin en Eden nommé Gethsémani*, Cahiers de Spiritualité Ignatienne, Quebec, 1978.

_____, *Conduis-moi sur le Chemin d'Eternité*, Les Editions Bellarmin, Montreal, 1973.

_____, *Pédagogie de l'Experience Spirituelle Personnelle*, Les Editions Bellarmin, Montreal, 1968.

Fernandez-Travieso, S.J., Ernestò. *A Method of Christian Spirituality based on the Bible and the Spiritual Exercises of Ignatius of Loyola in a living Experience of Service.* Pontificia Universitas Gregoriana, Roma, 1985.

*Gilgamesh, A verse narrative* by Herbert Mason, A Mentor Book, New American Library, New York, 1972.

Grant, Michael. *The World of Rome*, A Mentor Book, New American Library, New York, 1969.

Haag, Herbert. *Is Original Sin in Scripture?* Sheed and Ward, New York, 1969.

Hauser, Arnold. *A Social History of Art*, Vintage Books, New York, 1961.

Kasper, Walter. *Jesus the Christ*, Paulist Press, New York, 1976.

Küng, Hans. *On Being a Christian*, Doubleday and Company, Inc., New York, 1974.

_____, *The Catholic Church, A Short History*. A Modern Library Chronicles Book, The Modern Library, New York, 2003.

*La Biblia Latinoamericana*, Editoriales San Pablo y Verbo Divino, Madrid, 1988.

Loyola, Ignacio de. *Autobiografía – Ejercicios Espirituales*, Aguilar, Madrid, 1961.

Martín Descalzo, José Luis. *Jesús de Nazaret*, Ediciones Sígueme, Salamanca, 2000.

Moltman, Jürgen. *The Crucified God*. Harper and Row, New Cork, 1974.

_____, *The Crucified God*, Theology Today, April 1974.

Navone, S.J., John. *A Theology of Failure*, Paulist Press, New York, 1974.

Teilhard de Chardin, S.J., Pierre. *Christianity and Evolution*, Harcourt Brace Jovanovich, New Cork, 1971.

_____, *Toward the Future*, Collins St. James' Place, London. 1975.

*The Interlinear Greek-English New Testament*, Samuel and Sons, Ltd., London, 1960.

*The New American Bible*, Thomas Nelson Publishers, Catholic Publishers Inc., New York, 1971.

*The New Jerusalem Bible*, Doubleday, New York, 1999.

# NOTAS

# NOTAS

Otros libros publicados en la
## COLECCIÓN FÉLIX VARELA
**(Obras de pensamiento cristiano y cubano)**

1. 815-2 MEMORIAS DE JESÚS DE NAZARET, José Paulos
2. 833-0 CUBA: HISTORIA DE LA EDUCACIÓN CATÓLICA 1582-1961 (2 vols.), Teresa Fernández Soneira
3. 842-x EL HABANERO, Félix Varela (con un estudio de José M. Hernández e introducción por Mons. Agustín Román)
4. 867-5 MENSAJERO DE LA PAZ Y LA ESPERANZA (Visita de Su Santidad Juan Pablo II a Cuba). Con homilías de S.E. Jaime Cardenal Ortega y Alamino, D.D.
5. 871-3 LA SONRISA DISIDENTE (Itinerario de una conversión), Dora Amador
6. 885-3 MI CRUZ LLENA DE ROSAS (Cartas a Sandra, mi hija enferma), Xiomara J. Pagés
7. 888-8 UNA PIZCA DE SAL I, Xiomara J. Pagés
8. 892-6 SECTAS, CULTOS Y SINCRETISMOS, Juan J. Sosa
9. 897-7 LA NACIÓN CUBANA: ESENCIA Y EXISTENCIA, Instituto Jacques Maritain de Cuba
10. 903-5 UNA PIZCA DE SAL II, Xiomara J. Pagés
11. 921-3 FRASES DE SABIDURÍA (Ideario), Félix Varela (Edición de Rafael B. Abislaimán)
12. 924-8 LA MUJER CUBANA: HISTORIA E INFRAHISTORIA, Instituto Jacques Maritain de Cuba
13. 941-8 EL SANTERO CUBANO. Religiones Afrocubanas y Fe Cristiana, P. Raúl Fernández Dago
14. 948-5 GOTITAS DE FE, Xiomara J. Pagés
15. 956-7 FÉLIX VARELA PARA TODOS / FÉLIX VARELA FOR ALL (1788-1853). LA PERSONA, SU MUNDO Y SU LEGADO / THE PERSON, HIS WORLD AND HIS LEGACY. Rafael B. Abislaimán
16. 981-7 CON LA ESTRELLA Y LA CRUZ — HISTORIA DE LA FEDERACIÓN DE LAS JUVENTUDES DE ACCIÓN CATÓLICA CUBANA (2 vols.), Teresa Fernández Soneira
17. 985-x HISTORIA DE LA IGLESIA CATÓLICA EN CUBA (2 vols.), Monseñor Ramón Suárez Polcari
18. 998-1 EL PROYECTO VARELA, Alberto Muller
19. 334-7 EL DESAFÍO DE LA SÁBANA SANTA, Instituto de Solidaridad Cristiana
20. 8-002-2 APUNTES DE ESPIRITUALIDAD IGNACIANA (De algunas conferencias, meditaciones y pláticas de Ejercicios Espirituales), Federico Arvesú, S.J, M.D.
21. 8-010-3 EPISCOPOLOGIO CUBANO II. MIGUEL RAMÍREZ DE SALAMANCA, SEGUNDO OBISPO DE CUBA 1527-1534

22. 8-017-0    LA REAL Y PONTIFICIA UNIVERSIDAD DE SAN GERÓNIMO DE LA HABANA: FRAGUA DE LA NACIÓN CUBANA, Salvador Larrúa Guedes
23. 8-032-4    IGLESIA CATÓLICA Y NACIONALIDAD CUBANA (Memorias de los cuatro Encuentros Nacionales de Historia convocados por la Comisión Nacional de Pastoral de Cultura de la Conferencia de Obispos Católicos de Cuba, celebrados en la ciudad de Camagüey, Cuba). Editor Joaquín Estrada Montalván.
24. 8-033-2    CUBA: LIBERTAD Y RESPONSABILIDAD, DESAFÍOS Y PROYECTOS, Dagoberto Valdés-Hernández (Edición de Gerardo E. Martínez-Solanas)
25. 8-040-5    FÉLIX VARELA: PORTA-ANTORCHA DE CUBA, Josephn y Helen M. McCadden. Edición de Amalia V. de la Torre. Traducción de Ignacio R. M. Galbis
26. 8-041-3    UNA FE QUE ABRE CAMINOS, Araceli Cantero-Guibert
27. 8-048-0    EN LA BÚSQUEDA DE LA FELICIDAD, Ernesto Fernández-Travieso, S.J.
28. 8-048-0    EN LA BÚSQUEDA DE LA FELICIDAD, Ernesto Fernández-Travieso, S.J.
29. 8-075-8    FÉLIX VARELA: PROFUNDIDAD MANIFIESTA I
Primeros Años de la Vida del Padre Félix Varela Morales: Infancia, adolescencia, Juventud. (1788-1821), P. Fidel Rodríguez
30. 8-080-4    SÍGUEME. EJERCICIOS ESPIRITUALES PREDICADOS, Padre Amando Llorente, S.J.
31. 8-091-X    EN LA BÚSQUEDA DE LA FELICIDAD, Ernesto Fernández-Travieso, S.J. / Segunda edición corregida y ampliada.

www.ingramcontent.com/pod-product-compliance
Lightning Source LLC
LaVergne TN
LVHW021719060526
838200LV00050B/2747